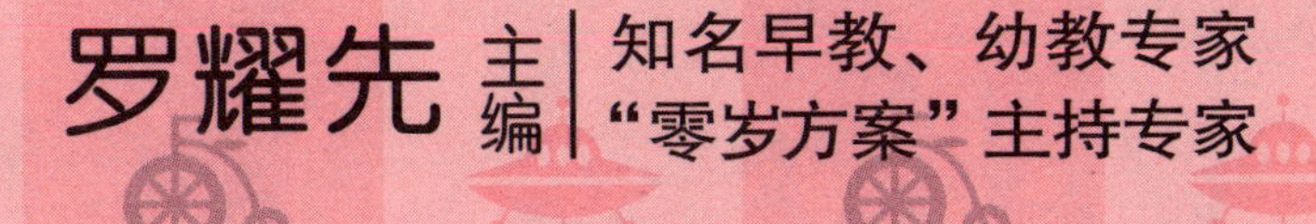

0~3岁越玩越聪明的亲子益智游戏大全

编委：王 濛 夏秀方 董 娟

中国人口出版社

我们坚持以专业精神，科学态度，为您排忧解惑。

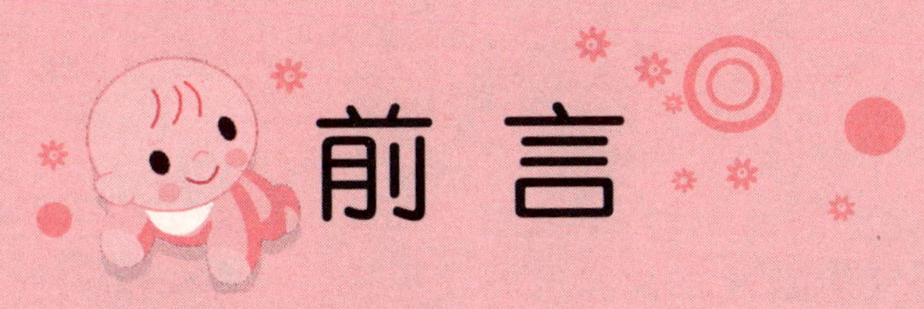

前言

游戏是最好的智力开发方法

1. 和孩子游戏：生命中最珍贵的时光

游戏玩乐，是孩子的天性和最爱，是孩子认识世界的途径。

无论人们出于多么美好的动机和愿望，都不应该剥夺孩子们玩的权利和乐趣，阻断孩子们认识世界和增长智慧的最好途径。

在家庭生活中，若问什么是最令人陶醉的幸福情景，相信好爸爸、好妈妈都会津津乐道：和孩子欢快嬉戏是最快乐的情景。

其实，这也是生命中最值得回忆、最有价值的时光！

让我们珍惜这稍纵即逝的宝贵时光吧！它是属于你们的，更是属于孩子的……

2. 游戏的作用：益智、亲情、快乐尽在其中

- 促进宝宝的体能发展，从而促进身体健康生长。
- 激发宝宝的求知欲、创造力、想像力和思维能力。
- 有助于父母与孩子之间进行情感交流、密切亲子关系。
- 让宝宝在亲子游戏中获得正确处理事物的态度、方式、方法，并尝试将这种态度、方式、方法迁移到现实生活中去。
- 给宝宝提供更多感受快乐的经验，避免宝宝因缺少同伴而产生的孤独感。

•与宝宝游戏时，父母可以及时发现宝宝的兴趣、特点，并据此及时调整教养方案，更好地挖掘宝宝的潜能。

•与宝宝游戏时，父母可以针对宝宝接触到的事物，因势利导地进行教育，帮助宝宝在轻松愉快的氛围中不知不觉地获得许多知识。

•亲子游戏还会给父母带来很多意想不到的收获，比如，和宝宝游戏时，宝宝的良好情绪会冲淡父母的工作压力，缓解父母的不良情绪，帮助父母回忆童年时光、回味人生真谛。

3.宝宝都是天才：岂能被埋没？

宝宝都是天才，缺少的是去发掘，更多的是被埋没！

研究发现，0～3岁是宝宝发育最快、最关键的时期。宝宝的吸收能力超强，他们对所给予的教育性刺激的理解或接受的能力，有时连我们都难以理解或接受。尽管孩子之间存在个性差异，但只要父母有心，他们都可以成为天才！

条条大道通罗马。让宝宝在游戏中越玩越聪明，是成长的一条快乐大道。在游戏中加以科学引导，对宝宝心智的开发十分有益。用心设计游戏内容、用心陪伴宝宝、用心协助和引导宝宝，宝宝的卓越潜能就一定会发掘出来。

游戏不仅让孩子快乐，也是他们走向天才的大道！

让今天的快乐，成就明天的卓越！

从现在就开始吧……

CONTENTS :: 目录

PART 1 0~1岁宝宝智慧的启蒙

1~3个月益智游戏

4~6个月益智游戏

7~9个月益智游戏

10～12个月益智游戏

PART 2 1~2岁宝宝能力的发展

13~15个月益智游戏

16～18个月益智游戏

19～21个月益智游戏

22～24个月益智游戏

PART 3 2~3岁宝宝才智的成长

25～27个月益智游戏

28～30个月益智游戏

31～33个月益智游戏

34～36个月益智游戏

0~1岁
宝宝智慧的启蒙

PART 1

1~3个月益智游戏
4~6个月益智游戏
7~9个月益智游戏
10~12个月益智游戏

1~3个月 益智游戏

1~3个月宝宝智力与训练

这个阶段的宝宝

孩子在出生前，生活在一种温暖、舒适、比较安全的水环境之中，母亲履行着促进胎儿成长的全部职责。孩子出生后，由于脐带被结扎剪断，其身体内部系统结构及其功能均发生了重大调整，营养供给、呼吸、排泄等生理功能都必须由新生儿自己来独立完成。生活环境的变化，对宝宝的生存和发展是个严峻的考验。

宝宝的听觉训练

以前人们认为，刚出生的婴儿毫无能力可言，他们必须通过成长与学习，才会慢慢具备各种能力。但是，研究表明，婴儿虽然并不成熟，却不像大人想像中的那般缺乏能力。相反的，他们也会利用自己不成熟的一切，通过各种方法来了解母亲和周围的世界。

无论从智力开发的角度，还是从儿童社会化的角度来看，父母多和婴儿说话都是非常有益的。

音乐是训练宝宝听力的有效手段，宝宝对胎教音乐有特殊的表情，说明宝宝听觉记忆力良好。听音乐不但能增进宝宝的听力，还能调整情绪，使宝宝感受音乐所表达的语言。

宝宝的视觉训练

人类是依赖视觉得到外界信息的生物。当胎儿在母腹中时，便拥有能分辨光线的眼睛；当他们出生后，就具有看东西的能力了。

1～3个月的宝宝只能看见近距离的东西。但对自己感兴趣的如有亲缘关系的人，他会运用他的全部视觉能力，全神贯注地盯着看，这时，他就可以看得远一些，所以为了促进宝宝视觉的发育，要经常和宝宝面对面说笑逗乐。

此外，说笑逗乐可使宝宝社会性微笑提前出现，并促进其身心健康发展。

宝宝的触觉训练

大脑是支配婴儿日后知识能力的组织。出生未满3个月的婴儿，是靠中脑产生的反射作用来维持生命的。丰富的生活经验，可促进婴儿大脑的发育。因此，父母应在适当的时机，给予婴儿启发性的刺激。

宝宝的体能训练

婴儿运动能力的发展遵循人类运动能力发展的顺序和大体的发展时间表，但不同的孩子运动能力出现的早晚不同，其受环境的影响作用很大。

如果缺乏练习机会，会使运动发展出现迟缓。一般来说，运动能力发展迟缓对智力发展有不利的影响。这是因为，神经肌肉运动向脑提供的刺激作用是智力发展的源泉，是启动先天素质或遗传结构的动力因素。所以要让宝宝尽量锻炼。

宝宝的情感交流训练

对宝宝来说，吃奶是很重要的生活内容，这与很多条件刺激，如体位、语声、表情和场景结合起来，使宝宝容易形成条件反射。这就是学习的开始。

在这个阶段，培养宝宝的亲情从学认父母开始。父亲可多抱抱宝宝，同时与宝宝多说笑逗乐。

1~3个月认知游戏

01 让宝宝听声音

难易程度 ★ 建议时间 3分钟

目标：训练宝宝对声音的反应能力及注意力，促进听力的发育。

1.在宝宝头部两侧摇铃，节奏时快时慢，音量时大时小。

2.边摇边说："铃！铃！铃儿响丁当！"

3.先不要让宝宝看到摇铃，而要观察其对铃声有无反应，如听到铃声停止哭闹或动作减少等，再训练孩子根据铃声用眼睛寻找声源，每天2~3次。

早教指导

◆新生儿已经出现了听觉上的偏好◆

新生儿刚出生就能听到声音，但他们还不能判断声音是从何而来，也不能分辨不同的声音。但此时的新生儿已经出现了听觉上的偏好，他们最喜欢听的就是妈妈的声音，新生儿听到妈妈的心跳声、呼吸声和说话的声音就会感到安全。而且新生儿爱听柔和的、高音调的声音，对拖长的纯音反应也比较明显。

02 看颜色鲜艳的玩具

难易程度 ★ 建议时间 3分钟

目标：锻炼宝宝颈部肌肉，提升宝宝自然感知能力。

1.父母准备色彩鲜艳、形状鲜明的小玩具。

2.宝宝仰卧在小床上，妈妈微笑地面对宝宝，在大约距离宝宝眼睛20~30厘米处，悬挂一些颜色鲜艳、形状鲜明的玩具（最好是红色或黄色的），在宝宝醒着且心情愉快的时候，让宝宝看一看这些玩具。

03 “哇”的游戏

难易程度 ★　建议时间 3分钟

目标：用声音吸引宝宝的注意，培养宝宝的听觉注意力。

1.妈妈和宝宝脸蛋相对，然后说“哇”。

2.妈妈用毛巾遮住自己的脸，一面将毛巾拿下来，然后说“哇”。

3.妈妈把眼睛蒙上，接着打开说“哇”。

4.妈妈转头，然后说“哇”。

5.妈妈藏起来，现身时说“哇”。

6.妈妈将脸蒙起来，从张开的手指缝中说“哇”。

7.妈妈用手蒙住宝宝的眼睛，接着拿开，然后说“哇”。

8.妈妈用毛巾遮住宝宝的脸，接着拿开，然后说“哇”。

04 摇摇手摇铃

难易程度 ★★★　建议时间 5分钟

目标：训练宝宝听力及反应，帮助宝宝感受声音的节奏；锻炼手指及手腕的活动能力和肌肉强度。

1.妈妈一边摇手摇铃，一边唱歌。

2.在宝宝的左右两侧摇动手摇铃，观察宝宝有没有转头。

3.在比较低的地方摇动手摇铃，观察宝宝有没有低头。

4.把手摇铃给宝宝，让其抓握并摇动。

 宝宝脸蛋探险

难易程度 ★★　建议时间 5分钟

目标：训练宝宝的听觉和触觉，培养亲子感情。

1.妈妈一边看一边用手指头指着一边说出宝宝的眼睛、鼻子、嘴巴、耳朵、头。

2.妈妈告诉宝宝脸的各个部位长什么样子。

3.如“宝宝的眼睛像露珠一样，好漂亮喔！”这类的话，宝宝虽然不懂，但用各种修饰语说，宝宝也会感受到妈妈的爱。

06 爸爸的声音

难易程度 ★　建议时间 3分钟

目标：训练宝宝的听力。

1.爸爸以最低的声音来叫宝宝的名字。

2.一边发出稍微高低变化的声音，一边观察宝宝的反应。

4.试试看，对着宝宝的耳朵说：“你好!”“小宝贝!”

益智拓展

宝宝听力还不是很发达时，无法听清楚高音，但对低沉的声音听得比较清楚，也会觉得和缓，所以爸爸的声音能给宝宝亲近感。作为爸爸，要经常用各种语气语调锻炼宝宝的听力。

07 口技音乐

难易程度 ★★　建议时间 5分钟

目标：训练宝宝的听力，增养亲子感情。

1.妈妈把宝宝抱在大腿上，面对着你，让宝宝可以看清楚你的脸。

2.用嘴巴发出各种声音，如流水声、亲吻声及咕咕声，或吹口哨、唱歌和哼曲子，还可以模仿动物的叫声，如小狗、小猫、小鸭、小鸡、小鸟等。

3.爸爸也可以参与进来，让爸爸用嘴巴吹口技，模仿各种声音，逗宝宝玩。

08 黑和白

难易程度 ★　建议时间 3分钟

目标：锻炼宝宝的视觉观察及对比能力，训练其逻辑思维智能。

1.先准备好一张白纸和一支黑色的笔，然后将白纸对折，用笔将纸的半面涂黑，另半面空白。

2. 在宝宝醒着的时候，将这张涂好的纸举到离宝宝眼睛30厘米的地方晃动，逗引宝宝观看。

◆ 益智拓展 ◆

此类游戏可在宝宝出生后半个月进行。这样的游戏不仅能发展宝宝的视觉，更重要的是能训练宝宝对两种事物的对比判断能力，培养逻辑思维能力。游戏时妈妈应注意观察宝宝的眼球是否会在黑白两个画面上转动。

09 对视

难易程度 ★★　建议时间 5分钟

目标：拓宽宝宝的视野，开发宝宝的视觉观察能力。

1.和宝宝距离约30厘米对看。

2.妈妈的脸上下、左右地动，要维持30厘米左右的距离。

3.妈妈的移动速度要适当，使宝宝的眼珠能跟着移动。

4.要适时地调节距离，不要太近或太远。

10 转一转

难易程度 ★★　建议时间 5分钟

目标：提高宝宝的观察能力和眼珠的运动能力。

1.抱紧宝宝，和宝宝进行目光交流，宝宝发出声音就给予回应。

2.抱紧宝宝能让宝宝感受成长过程中所需要的安全感。

3.抱着宝宝在屋里转转。停下来看着宝宝的眼睛笑一笑，再揉揉宝宝的鼻子叫一叫。宝宝发出声音就给予回应。

4.停停接着再转，再停下来。这样重复几次。

11 朝身体“呼”气

难易程度 ★★　建议时间 5分钟

目标：刺激宝宝的肤觉。

1.换过尿布后，将嘴唇接触宝宝的胸口、背部，“呼”地吹气。

2.宝宝洗过澡后，也可以朝宝宝的身体“呼”地吹气。

3.对宝宝的脸蛋也可“呼”地轻轻吹气。

4.将宝宝的手贴近妈妈的嘴唇，“呼”地吹气。

12 在脚底板滚球

难易程度 ★★ 建议时间 5分钟

目标：刺激宝宝的身体，促进宝宝的血液循环。

1.妈妈用触感柔软的球揉一揉宝宝的脚底板。

2.然后再用球滚一滚全身，并观察宝宝的反应如何。

3.宝宝的手、脸和身体也都用球滚一滚。

13 握一握

难易程度 ★★ 建议时间 5分钟

目标：提高宝宝的协调能力和抓握能力，促进宝宝自然智能的发展。

1.一边将手摇铃摇出声，以刺激宝宝的听觉，一边让宝宝握着手摇铃。

2.一边给宝宝手摇铃，一边左右摇动。

3.左右摇动后轻轻地放着，宝宝会把手摇铃放到嘴里或看着手摇铃。

益智拓展

手和心智的发展是相互促进的，手在锻炼过程中不仅能促进小肌肉和运动智能发展，也能促进人整体智慧发展。因此，妈妈可以试着边唱儿歌边打拍子，这样宝宝就会不自觉地将小手舞动起来，能够增加宝宝对音乐的节奏感知能力。

14 请问是谁呀

难易程度 ★★ 建议时间 5分钟

目标：提高宝宝的自我认知能力，促进其语言能力的发展。

1.妈妈一边轻敲宝宝的手，一边问：“咚咚咚，请问是谁呀？”之后，回答：“是的，这是手。”并且一定要握住宝宝的手，再放下来。

早教指导

◆让手和手指充分活动◆

2个月宝宝的手经常握拳，但有时也会张开。婴儿不认识自己的手，有时会凝视自己的小手。要让婴儿自由活动手和手指，不要用布或手套将其包起来。因为手的活动是进一步练习抓东西的基础。看手、不断地活动双手，对这一时期宝宝的发展非常重要。

2.一边轻敲宝宝的脚，一边问："咚咚咚，请问是谁呀？"之后，回答："是的，这是脚。"同样的，也一定要握住宝宝的脚，再放下来。

15 车要过去喽

难易程度 ★★　建议时间 5分钟

目标：训练宝宝的触觉，增强对声音的感知能力。

1.一边对宝宝说："车车要从肚子上开过去喽！"一边将玩具车从宝宝的肚子上滚过去。

2.宝宝会感受到车子滑过身体的触感。

3.爸爸可发出车子发动时"噗隆噗隆"的声音。

16 配合音乐按一按

难易程度 ★★　建议时间 5分钟

目标：增进亲子感情，培养宝宝的节奏感。

1.抱着宝宝，跟着音乐节奏用手指头轻轻按压宝宝的腿、胳膊，还可以发出"嘟嘟"的声音。

2.用满怀爱意的手指头，传达妈妈对宝宝的爱。

3.宝宝情绪的培养，用古典音乐或胎教音乐都很好。

17 抱抱宝宝

难易程度 ★　建议时间 3分钟

目标：培养亲情，增强宝宝的安全感以及对父母的信任感。

1.把宝宝放在臂弯里轻轻摇动。

2.边摇边说："抱抱宝宝，我爱你。"

3.说到"你"的时候，亲吻宝宝的身体，如头、鼻子、脚趾等。

4.宝宝稍稍长大一点儿后会主动要求玩这个游戏。

18 吹吹风

难易程度 ★ 建议时间 3分钟

目标：让宝宝认识身体的不同部位，提高宝宝自我认知能力。

1.轻轻地吹宝宝的手心，边吹边哼唱："这是你的小手心。"

2.然后亲亲宝宝的手心。

3.吹吹宝宝身体的其他部位。多数宝宝都喜欢人们轻吹他们的肘部、手指、脖子、脸颊和脚趾。

1~3个月运动游戏

01 妈妈、宝宝体操（1）

难易程度 ★★ 建议时间 5分钟

目标：使宝宝的肌肉、骨骼、关节得到良好的锻炼。

1.将宝宝放在膝盖上坐着，轻轻转动宝宝的身体（不要转动宝宝的全身），在宝宝看着妈妈的情况下，只转动宝宝的腰和胸部。

2.妈妈也和宝宝一样，朝同一个方向转动身体。

3.拉着宝宝的手向后伸直。让宝宝的胸部向后倾，妈妈的身体也呈笔直的状态。

4.将宝宝一边的手臂拉过头，朝相反的方向轻推。让两臂伸展，妈妈也跟宝宝采取同样的动作。

02 妈妈、宝宝体操（2）

难易程度 ★★ 建议时间 5分钟

目标：促进宝宝的血液循环，使宝宝感受来自亲人的爱抚。

1.让宝宝躺下后，妈妈将膝盖贴着地面，趴下看着宝宝，并做手臂屈、伸的动作。

2.当手臂弯曲时，妈妈的脸会接近宝宝，这时请亲亲宝宝的脸。

3.妈妈躺下，将宝宝放在肚子上让宝宝坐好，然后抓住宝宝的腋下，让坐着的宝宝躺下来。

03 妈妈、宝宝体操（3）

难易程度 ★★ 建议时间 5分钟

目标：锻炼宝宝的躯体，鼓励宝宝多做运动。

1.让宝宝躺下，弯曲其膝盖，然后轻轻将屁股往上提。

2.将宝宝举放到妈妈的肚子上，然后弯曲宝宝的膝盖，将屁股往上提。

3.妈妈以躺着的姿势，将宝宝放在膝盖上，然后像搭飞机一般，将膝盖一屈一伸。

4.将宝宝抱着站起，然后摇晃宝宝的身体。同时配合各种音乐，有时慢慢的，有时像跳舞般的移动。

5.运动结束后，妈妈和宝宝都会感到疲累。让宝宝躺在妈妈的胸口，然后闭上眼睛休息5分钟，自然而然地进入梦乡也不错。

6.如果宝宝没睡着的话，妈妈可以抓着宝宝的手玩。

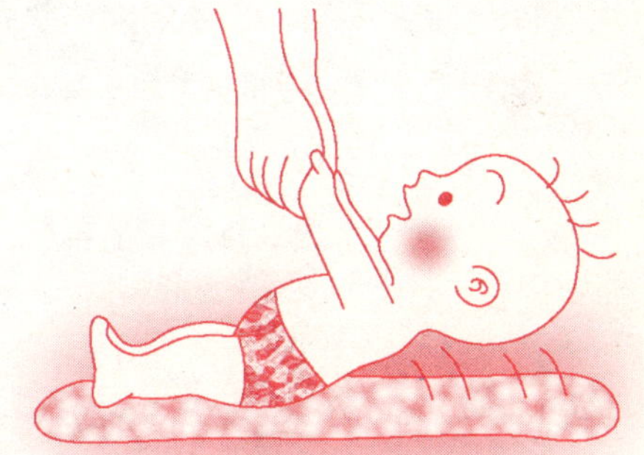

04 宝宝体操（1）

难易程度 ★★ 建议时间 5分钟

目标：增强宝宝肌肉的力量及弹性，为翻身和爬行作准备。

1.把宝宝的手指头笔直地分开。

2.将宝宝的双手向上提超过头部，做出欢呼的动作。

3.抓住宝宝的腋下，让宝宝站立之后，膝盖呈一屈一伸的运动。

4.让宝宝躺着，将左、右膝盖往上提，一边交叉，一边轻推，不过不要太用力。

05 宝宝体操（2）

难易程度 ★　建议时间 3分钟

目标：提高宝宝运动能力，促进大脑发育。

1.用两手咚咚咚地敲宝宝的肩膀外侧。

2.轻轻地敲或按摩宝宝的胸部、肚子等部位。

3.两手抓住宝宝的腿，慢慢地将腿向上提，使宝宝成倒立的姿势。

06 骑车

难易程度 ★★★　建议时间 5~10分钟

目标：增强宝宝腿部肌肉的力量，使宝宝的肌肉、骨骼、关节得到良好的锻炼。

1.让宝宝平躺，扳动宝宝的腿做出骑自行车的动作。

2.扳动宝宝腿的时候，哼唱有关自行车的歌。

3.或者自己编一首简单的儿歌，如：

骑，骑，骑车车，骑到街上兜圈圈。
好玩，好玩，真好玩，宝宝乐呵呵。

益智拓展

0~1岁是宝宝运动能力发育的敏感期，腿部肌肉、骨骼的健康发展，为宝宝日后活动范围的扩大奠定了良好的基础。注意，不要硬扳宝宝的腿。如果宝宝不愿意就做一些别的动作。

07 拍拍脚掌

难易程度 ★　建议时间 3分钟

目标：活动宝宝的双脚，刺激脚底的血液循环，使其更加有力量。

1.妈妈抓着宝宝的脚踝，让两只脚掌轻轻地碰触。

2.搓搓脚底或用手指按压宝宝的脚掌。

08 手指在这里

难易程度 ★★ 建议时间 5分钟

目标：锻炼宝宝的手部力量。

1.把宝宝放在双膝上，把你的食指放在宝宝的手里，宝宝会抓紧你的手指。

2.每次宝宝抓住你的手指，都要肯定地说：“真是好宝宝！”或“你真有劲儿！”

09 旋转

难易程度 ★ 建议时间 3分钟

目标：帮助宝宝感觉空间的变换，并能锻炼宝宝的平衡能力。

按下列方法转动宝宝：

1.抱着宝宝并支撑住宝宝的头部转圈。

2.从后面抱住宝宝转圈。

3.让宝宝的脸朝向你，抱住并转圈。

10 翻翻身

难易程度 ★★ 建议时间 5分钟

目标：促进翻身、爬行，以提升宝宝运动智能。

1.换过尿布后，让宝宝躺在松软的地方，慢慢地将宝宝翻过来。

2.再一次，将宝宝翻回正面。

3.要慢慢地将宝宝翻身，动作要动柔缓慢，以免宝宝会晕眩。

益智拓展

宝宝需要几个月的时间来学会完全控制自己的身体动作。因此，父母可以在他出生后的最初几个月，用这个游戏来协助宝宝学会控制自己的身体。宝宝会侧卧后，他会从侧卧翻到俯卧或仰卧。最初宝宝这种翻身几乎是无意的，是由身体重心的偏移决定而不是宝宝自主的。到了4~6个月的时候，宝宝就能很熟练地翻身了。

11 弯弯膝

难易程度 ★　　建议时间 3分钟

目标：训练宝宝腿部的力量，提升宝宝的运动能力。

1.让宝宝平躺，小心拉直宝宝的腿。

2.拉直以后，轻拍宝宝的脚底。

3.宝宝就会向下伸直脚趾并屈膝。

4.做这个游戏时，父母可以哼唱下面的歌谣：

弯下来，弯下来，膝盖弯下来。
弯下来，弯下来，啊哈！

5.歌谣结束时欢呼一下，宝宝会学会期待它，这会使游戏更有趣。

12 翻转

难易程度 ★★★　　建议时间 5~10分钟

目标：有助于宝宝胸部和手臂肌肉的发育，让宝宝学会滚动。

1.把宝宝平放在柔软的地方。

2.握住宝宝同侧的脚踝和大腿盘向另一条腿。（不用担心，宝宝的小屁股和身体会跟着动。）

3.回到宝宝的初始姿势。

4.换另一条腿向相反方向重复做。

5.边做边说：

两个小家伙床上坐，
其中一个说：
盘过来，盘过来，
(说到这儿的时候交叉双腿。)
它们就盘过来了。

1～3个月语言游戏

01 摇摇我的乖宝宝

难易程度 ★ 建议时间 3分钟

目标： 给予宝宝丰富的语言刺激，增进孩子与父亲的感情，达到心灵与感情的沟通和融洽。

1.爸爸两手抱平孩子，摇一摇，动一动，使孩子有摇篮般的感觉。

2.爸爸边摇摇篮，边念儿歌："摇呀摇，摇摇我的乖宝宝。乖宝宝，快长大，长大做个科学家。"

3.父亲从新生儿起就参与对孩子的照料有莫大的好处，不少孩子怕父亲，渐渐与父亲疏远，使父亲难以亲近孩子。

早教指导

◆父母应多和宝宝说话◆

婴儿言语的发生和发展，需要一个良好的语言环境。婴儿虽然不会说话，父母也应把他当成一个懂事的大孩子，经常和他交谈。

当妈妈和婴儿说话时，如果发现婴儿发出似应答的声音，这时妈妈应停顿片刻，以增加婴儿参加到母亲与婴儿的"交谈互动"中的机会。这种母婴间的语言交流对刺激婴儿神经系统的语言加工能力是很有必要的。

02 妈妈在等你哟

难易程度 ★ 建议时间 3分钟

目标： 增进亲子感情，培养情绪较为稳定的宝宝。

1.将睡觉的宝宝视为旅行者，当宝宝从睡梦中醒来时，可以揉揉他的脸蛋，说："回来啦，妈妈在等你哟。"像这样，跟宝宝打招呼。

2.也可偶尔说说如“回来啦？去过梦的国度了吗？”这类的话。

3.宝宝知道若是从梦中苏醒，妈妈就会高兴地迎接，他就会笑着醒来。

03 与布偶的相遇

难易程度 ★　建议时间 3分钟

目标：刺激宝宝发音，提升其语言智能。

1.将一个坐着直视前方的布偶放在宝宝的面前。

2.让宝宝趴在布偶的前面，此时宝宝应该会目不转睛地看着布偶。

3.说不定宝宝和布偶正在分享无声的对话呢？

4.可爱的小布偶在宝宝的眼里，就像是个小精灵一样呢！

04 引逗发音发笑

难易程度 ★★　建议时间 5分钟

目标：引导宝宝回应性发音，锻炼其发音能力，促进语言智能的发育。

1.在宝宝情绪很好、很稳定的时候用亲切温柔的声音，面对着宝宝，使他能看得见口型。

2.试着对他发单个韵母a（啊）、o（喔）、u（呜）、e（鹅）的音，逗着孩子笑一笑，玩一会儿，以刺激他发出声音。

益智拓展

父母跟宝宝做这个游戏，要注意观察你的宝宝是视觉型宝宝、触觉型宝宝，还是听觉型宝宝，从而找到适当而高效的逗笑方式。

05 摸摸妈妈的脸

难易程度 ★　建议时间 3分钟

目标：帮助宝宝理解语言的含义，提高宝宝学习语言的积极性，促进宝宝语言智能的正常发育。

1.抱着宝宝，一边抚摸着宝宝的手和脚，一边对他说：“啊，好小、好可爱的脚趾头喔，手指也很漂亮呢。”

2.然后拿宝宝的手摸摸妈妈的脸。

3.妈妈也用手摸摸宝宝的脸。

06 湿毛巾沐浴

难易程度 ★★ 建议时间 5分钟

目标：增进母子感情，促进血液循环。

1.用温水将干净的毛巾浸湿，毛巾的大小必须能包住宝宝全身。

2.拧干毛巾，然后围住宝宝的身体。

3.用力抱着包着毛巾的宝宝。

4.毛巾干净的气味会同时传给宝宝和妈妈。

5.一边说："宝宝好干净喔！"一边感受热气。

07 用脸颊打招呼

难易程度 ★★ 建议时间 5分钟

目标：刺激宝宝语言智能的发育，增进亲子感情。

1.爸爸保持和宝宝的脸颊差不多的温度，用干净的布把脸颊擦干净。

2.爸爸用脸颊搓搓宝宝的脸颊。

3.可对宝宝说："洗澡后好开心喔！"

4.让宝宝洗澡后舒适的心情能保持更长的时间。

08 亲亲宝宝的身体

难易程度 ★★ 建议时间 5分钟

目标：促进宝宝全身的血液循环，使父母和宝宝有更深入的交流。

1.帮助宝宝洗澡后，可以在穿衣服前亲亲宝宝的全身。

2.爸爸和妈妈轮流在宝宝的脸、胳膊、胸、肚子、屁股、腿等部位一边亲一边发出"啵啵"的声音。

3.这会让宝宝心情好，并露出微笑。

4.嘴唇对着宝宝的身体，一边吹气，一边颤动发出"啵啵"的声音。

09 对宝宝说唱

难易程度 ★　　建议时间 3分钟

目标：让宝宝感受明快的语音节奏，促进宝宝发音。

1.孩子睡醒后，妈妈温情地和孩子讲话。

2.诸如“宝宝睡醒了，睁这么大眼睛”“宝宝在哪儿呀？噢，在这儿哪”“妈妈给换尿布喽，真乖”。

3.还可念些儿歌，如：“宝宝乖乖，把眼睁开；妈妈来了，妈妈喂奶。”

早教指导

◆多给宝宝听音乐◆

每个宝宝都有与生俱来的音乐天赋，因此父母要有意识地发展宝宝的这种才能。日本教育专家七田真说过：“幼儿音乐教育有两个重要功能，其一是气质的养成，其二是智慧的提升。”因此，宝宝经常聆听优美的音乐，感受音乐所富有的旋律和节奏，会自然地把这些感受纳入到个体大脑当中，使个体自然地流露出优美的旋律。父母可选择一些音质好的摇篮曲在宝宝入睡前播放，让宝宝在轻柔的摇篮曲中入睡。在宝宝清醒时放一些欢快的儿童歌曲或模仿大自然的音乐，如流水声、森林中的鸟鸣等，以增强宝宝对音乐的感受能力。

10 哄逗对话

难易程度 ★　　建议时间 3分钟

目标：丰富宝宝的语言基础，提高宝宝的语言能力。

1.孩子睡醒或吃奶后，大人就可“哼”、“哈”去引逗孩子“对话”。

2.当他不甘寂寞哭闹时，大人应给他微笑，跟他哼哈讲话，当他“哦呀”时，大人更应回之“哦呀”，这样聊七八分钟，既训练了孩子的发音，大人也乐趣横生。

4~6个月益智游戏

4~6个月宝宝智力与训练

这个阶段的宝宝

这个时期宝宝的成长十分显著，身体的活动更加频繁，眼睛和耳朵的功能以及手脚的运动逐渐开始协调。

这时的宝宝对看过的东西也有所记忆了，成人应该多给宝宝创造认识外部世界和自由活动身体的环境。

宝宝的视觉训练

宝宝的视觉功能已比较完善，开始能辨别不同的颜色，喜欢红、橙、黄等暖色，特别是红色的物品最能引起宝宝的兴趣。

宝宝在视觉上有很大的进步，他的大脑已开始分析他所见到的一切事物。

宝宝的听觉训练

这时的宝宝已经能集中注意力倾听音乐，并且对柔和动听的音乐表示出愉快的情绪，而对强烈的声音表示出不快。听到声音能较快转头，能区分爸爸、妈妈的声音。听见妈妈说话的声音就高兴起来，并且开始发出一些声音，似乎是对成人的回答。

听到叫自己的名字已有应答的表示。能欣赏玩具中发出的声音。

宝宝的触觉训练

夫妻二人在养育孩子的作用上各有所长，对孩子身心健康成长都是不可缺少的。研究证明，父亲与婴儿的交往和母亲与婴儿的交往都有不同的独特性，“父婴交往”在婴儿心理发展上具有母亲不可替代的作用。

宝宝的语言发展

婴儿虽然不会说话，但却有着惊人的接受语言的能力，不要以为对婴儿说话是“对牛弹琴”。事实上，婴儿在听话的过程中，通过潜意识的作用接受大量的语言信息，同时大量的语言刺激促使孩子的听觉和发音器官的发展和健全，使孩子早说话。所以父母应尽早地利用一切机会多和孩子说话，并且把动作和语言联系起来。

宝宝的体能训练

这个时期宝宝的颈肌、上肢和胸、腰肌肉发育很快，已不再满足于静静地躺在床上吮手指了，他要进行大量的肌肉运动。他会不停地摇动自己的手臂，使劲地把身子翻过来。自己能翻身，表明运动机能的发达和骨骼、肌肉长得都很结实。

这个时期，培养宝宝的平衡感十分有必要。

宝宝的动作训练

随着宝宝肌肉的逐渐强壮，他的各种姿势也会自然地发展，这个时期宝宝的运动机能和智力的发育非常迅速，能坐、会翻身，这时父母还需要多鼓励宝宝学爬。

宝宝手的动作变得更加灵活，可以用手抓起东西往嘴里放，不管是什么东西，只要能抓到手就喜欢送到嘴里。

宝宝的记忆力训练

小儿智力低下的早期干预十分重要，这个时期家长要对宝宝进行记忆力和判断力的训练。

4～6个月认知游戏

01 寻找声源

难易程度 ★　建议时间 3分钟

目标：训练宝宝辨别声音的方向，提高宝宝的听觉记忆能力。

1.宝宝到了4个月大时，已经可以分辨不同的声音了。

2.对习惯了的母亲的声音尤其敏感，只要母亲一出声，就转向声音的方向，被叫到名字也会马上反应。

3.这个时候可在他看不到的地方发出声音，跟他玩寻找声音来源的游戏，利用这种方式训练他的听力。

02 妈妈抱抱

难易程度 ★　建议时间 3分钟

目标：提高宝宝的认知能力，增进母子亲情。

建议：宝宝反应积极时，玩的时间可以长一些；反应不积极甚至表现出厌烦时，应该少玩一会儿或立刻停止。

1.妈妈在孩子面前有意识地伸出手，并说：“宝宝，让妈妈抱抱。”

2.抱起孩子逗他玩一会儿，然后放下孩子。

3.重复上述过程，直到形成孩子看见妈妈伸出双手时，自己也伸出双手。

4.进行游戏时，家长要注意孩子的反应。

03 各种不同的声音

难易程度 ★★　建议时间 5分钟

目标：提高宝宝的听觉能力，培养其节奏感。

建议：这段时间，婴儿已经开始知道各种东西会发出各种不同的声音，母亲可以和他一起玩声音的游戏，让他自己动手敲出声音。

1.听到好听的音乐或愉快的音乐时，婴儿也会高兴得手舞足蹈。

2.抓着婴儿的身体配合音乐舞动，可让婴儿学会用身体表现快乐的情绪。

3.在生活中多准备一些音乐或会发出美妙声音的玩具。

早教指导

◆锻炼宝宝的手眼协调能力◆

4个月的宝宝对周围的事物开始产生兴趣，对有响声的玩具(如花铃铛、一抓握即响的小动物玩具)更加有兴趣。在宝宝觉醒时，可用上述玩具逗引他抓取。经常练习，可使宝宝手眼协调能力得到快速发展，提高动作的准确度和心理满足。

04 听一听，闻一闻

难易程度 ★　建议时间 3分钟

目标：提高宝宝的综合感知能力。

建议：给予宝宝多种感觉的经验。即使是下雨的声音，宝宝第一次听到，也会感到惊奇。

1.让宝宝的手或脸抚摸、感觉各种不同的布料。

2.让宝宝闻闻各种花香或气味。

3.下雨天打开窗户，让宝宝听听下雨的声音。

4.每当宝宝体验某种感觉时，可利用声音或动作来向宝宝说明其特征，如："哗啦!哗啦!下雨啦!"

05 叮当叮当

难易程度 ★★★　建议时间 5~10分钟

目标：训练宝宝的腰和腿部的肌肉。

1.让宝宝趴着，在他背后摇手摇铃。

2.宝宝听到声音会扭动身体，想要找身后的叮当声。

3.在宝宝的背后及左、右侧摇手摇铃。

4.宝宝可以运用听觉寻找发声的地方。

5.宝宝一边扭动身体，一边凝视东西，也能增进视觉的发展。

06 咕噜滚一滚

难易程度 ★　　建议时间 3分钟

目标： 锻炼宝宝的视觉，并培养其注意力。

1.让宝宝趴着，并滚动球，使宝宝的视线跟着球移动。

2.把球滚到宝宝的旁边。

3.宝宝也会跟着球回头。

4.在宝宝可以抓到球的范围内，慢慢地滚动球。

07 声音的高低起伏

难易程度 ★★　　建议时间 5分钟

目标： 扩大宝宝的听觉音域。

1.妈妈以高的声音、低的声音及特别的声音唱歌。

2.随着声音的高低做出各种表情。

3.然后观察宝宝的反应。

4.随着声音的高低起伏，宝宝的表情也会有些细微的变化。

08 水声哗啦啦

难易程度 ★★　　建议时间 5分钟

目标： 提高宝宝的听觉记忆能力。

1.将塑料瓶装水之后摇一摇，让宝宝听听所发出的声音。

2.试试装入果汁来摇晃，宝宝会发现黄色的果汁在塑料瓶里跳舞呢！

3.从水桶里传出的声音也会吸引宝宝的注意。

09 漂亮的蝴蝶结

难易程度 ★　　建议时间 3分钟

目标： 给予宝宝丰富的视觉刺激，提高宝宝的认知能力。

1.在宝宝的手指头上绑上颜色鲜艳的蝴蝶结。

2.让宝宝看自己的手指头。

益智拓展

宝宝在婴儿期如果没有丰富的视觉刺激，不但视觉通路无法形成，甚至会使大脑视觉潜能完全丧失。视觉刺激能开发宝宝的智力，但是不同月龄的宝宝视觉刺激有所不同。0~6个月的宝宝由于通过眼睛接收视觉信息的视觉皮层神经细胞还没有发育成熟，看到的只是光和影，他们的最佳焦距是20~38厘米之间，也就是说宝宝吃奶时刚好可以看到妈妈的脸。这时候最好在宝宝眼前放一些具有黑白对比色的玩具，可以刺激宝宝的眼睛移动，同时也可以介入红色色彩刺激，为宝宝进入色彩期作准备。

10 发条娃娃

难易程度 ★★　建议时间　5分钟

目标：刺激宝宝的视觉和听觉。

1.将玩偶上紧发条后，放在宝宝面前。

2.看到玩偶在眼前走动，宝宝会因为想抓住它而双腿乱蹬、乱踢。

11 水气球

难易程度 ★★　建议时间　5~10分钟

目标：舒适又柔软的触感能让宝宝的心情变好。

1.将水灌入气球中，并轻轻搓揉。

2.用水球在宝宝的脸、手背、脚及身体等部位轻轻地擦揉。

3.把气球放在宝宝的身上，骨碌碌、滑溜溜地滚动。

4.将水球摇晃产生气泡后，让宝宝看看水球的内部。

 唱歌点点点

难易程度 ★★　建议时间 5分钟

目标：培养宝宝的节奏感。

建议：请一边唱歌，一边配合节奏在宝宝身上轻轻拍弹。宝宝听着妈妈唱歌，也会随旋律舞动身体。

1.请跟着“小印第安人”的拍子轻轻敲打。

2.开始唱：“One Little Two Little Three Little Indians……”，当分别唱到“One、Two、Three”等字母时，请用手轻点宝宝的身体。

3.轻点宝宝身体时要强调重音，这样能让宝宝更确实地感觉节奏。

13 揉揉摸摸小宝宝

难易程度 ★★　建议时间 5分钟

目标：刺激宝宝的脑部，促进头脑发达，增进亲子间的情感。

1.洗完澡，擦干身体、包好尿布后，让宝宝躺平。

2.先用婴儿油抹在宝宝的皮肤上帮他按摩，经由皮肤的摩擦，宝宝的心情会变得更好。

3.慢慢地，一直延伸到全身。

4.轻轻地搓揉身体、手臂和脚。

5.一边发出“揉揉摸摸、啪啪，搓搓揉揉、啪啪”的声音，一边给予有韵律的按摩。

 我在哪儿

难易程度 ★　建议时间 3分钟

目标：提高宝宝对时间、空间中人或物的理解，强化对物体永久性的认识。

1.妈妈用手帕把脸遮住，问宝宝：“妈妈呢？妈妈去哪儿了？”

2.把手帕从脸上拿下来，对宝宝说：“妈妈在这儿呢。”

3.把手帕轻轻遮住宝宝的脸，叫宝宝的名字：“宝宝呢？宝宝在哪儿呢？”

4.撩开手帕看着宝宝的脸，对宝宝说：“啊，宝宝在这儿呢。”宝宝会开心地大笑。

早教指导

◆如何测试宝宝的视力◆

宝宝6个月大时就能看见多种物体，并试着调整自己的位置以便看清楚想看的东西。可用下列游戏来测试宝宝的视力：

站在约6米以外的地方，举起手指头，让他跟着你举起相同的指头数。如果他无法办到的话，应带他去看医生。如果宝宝的视力有问题，他更需要视觉刺激，因此颜色和形状不同的玩具对他来说特别重要。

对于几个月的婴儿，可以用小转鼓在孩子眼前转动，同时仔细检查孩子的眼睛。如果眼睛有震颤，说明婴儿有视力，反之则无视力。

了解婴儿视力最简单的方法是让小儿看你手中的玩具。开始用色彩鲜艳的大玩具，距离婴儿脸部30厘米左右，逐渐换成较小的玩具，当换到某一个小玩具时婴儿不看了，表明他看不见了，说明婴儿有视力。

如果要检测小儿哪只眼有毛病，方法是将小儿的一只眼睛遮住，如果小儿哭闹或摇头，用手去抓遮盖，则说明被遮盖的眼睛视力是好的。相反，如果遮上一只眼后小儿无反应，则说明这只眼睛有问题。

另外，家长们平时还要留心观察小儿看东西的姿势。如果小儿总爱眯着眼、怕光、歪头，都应考虑眼睛是否出了问题。

4～6个月运动游戏

01 小手抓一抓

难易程度 ★★★　建议时间 10分钟

目标： 训练宝宝手部运动，学会伸展、抓握和合拢手指，提高宝宝手眼协调能力。

1.当宝宝把小手伸出来时，妈妈要多抚摸它，把手指放在他的手心上帮宝宝练习抓握，试着让宝宝的手握紧。

2.让宝宝摸摸妈妈的衣服或各种不同材质的物品，培养宝宝的触觉。

02 换手拿东西

难易程度 ★　建议时间 5分钟

目标： 锻炼宝宝手的灵活性，提高精细动作的发育。

1.当婴儿会将东西从右手换到左手，或从左手换到右手时，表示他已经做好操作工具的准备了。

2.这个时候，可以让他玩使用手指的游戏。例如，他喜欢玩一摸就会发出沙沙声的纸袋、拉或按就会出声或起动的玩具。

3.母亲在婴儿玩得很高兴时应鼓励他说“宝宝好棒哦!”

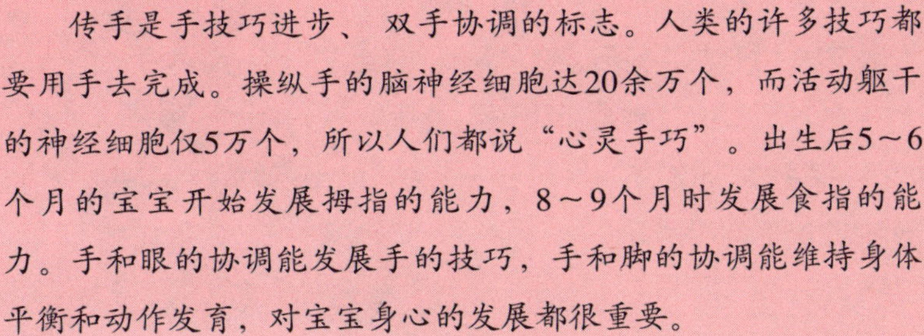

益智拓展

传手是手技巧进步、双手协调的标志。人类的许多技巧都要用手去完成。操纵手的脑神经细胞达20余万个，而活动躯干的神经细胞仅5万个，所以人们都说“心灵手巧”。出生后5～6个月的宝宝开始发展拇指的能力，8～9个月时发展食指的能力。手和眼的协调能发展手的技巧，手和脚的协调能维持身体平衡和动作发育，对宝宝身心的发展都很重要。

03 双手敲一敲

难易程度 ★　建议时间 3分钟

目标： 锻炼宝宝手的灵活性，提高精细运动能力。

建议： 尽量让他玩一些可以使用到整个手腕或指尖的游戏。

1.这时候的婴儿会两手各拿玩具并相互敲打。

2.虽然手的动作及指头都不很灵活，他还是会不断地抓东西或按东西。

3.训练的第一步是，先观察婴儿喜欢玩什么，再针对他的喜好设计游戏方式。

04 拉手帕游戏

难易程度 ★★　建议时间 5分钟

目标： 锻炼宝宝手臂肌肉力量，促进其运动智能的发展。

1.把柔软的手帕放到宝宝的手里。

2.宝宝可爱的手会使劲地抓住手帕。

3.请妈妈也紧紧地抓住手帕。

05 合拢、张开

难易程度 ★★　建议时间 5分钟

目标： 训练宝宝手的灵活性，为以后手部的精细动作做准备。

1.让宝宝坐在妈妈的膝盖上面。

2.妈妈一边说：“伸手手”，一边摇动宝宝的手。

3.如果观察宝宝仍没反应，妈妈可抓宝宝的手，使其手指弯曲再打开。

4.妈妈先对宝宝做“合拢、张开”的手势动作，让宝宝跟着模仿，并配合一定的速度，使宝宝产生韵律感。

06 趴着前进

难易程度 ★★★　建议时间 10分钟

目标： 锻炼宝宝胸、腹、背与四肢的肌肉，促进骨骼的生长。

1.会趴着四处移动的婴儿很喜欢爬到自己想去的地方，渐渐地，他的爬行技巧愈来愈熟练。

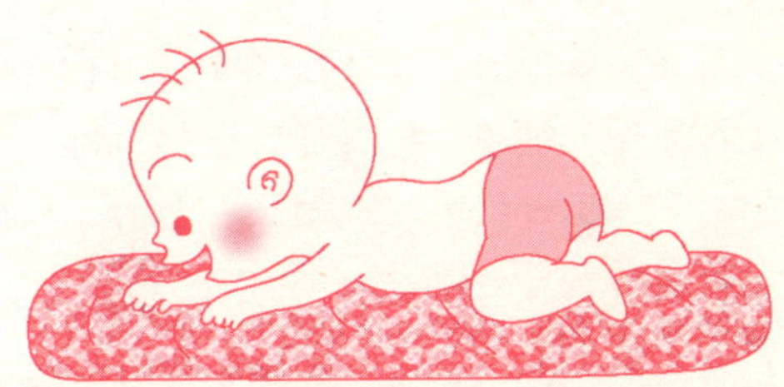

2.这段时间，可以让他随心所欲地爬，同时也记得和他玩一些摇动身体或飞天之类的游戏，训练他的平衡感。

3.当婴儿习惯身体被大力摇动后，会变得想自己摇晃身体。

益智拓展

爬行是一种极好的全身运动，它能促进宝宝身体的生长发育。宝宝在爬行的过程中，头颈抬起，胸腹离地，用四肢支撑身体的重量，这就锻炼了胸、腹、背与四肢的肌肉，并可促进骨骼的生长，为日后的站立与行走打下良好的基础。

07 脚踏车游戏

难易程度 ★★　　建议时间 5分钟

目标：增强宝宝腿部肌肉力量。

建议：换尿布后，宝宝的心情会很好，这时可以用游戏来延长这个好心情。特别是在洗澡后，可为宝宝全身抹上乳液或婴儿油，同时帮宝宝轻轻地按摩，效果更好。

1.让宝宝躺着，妈妈用两手稍微抓住宝宝的脚。

2.不要太用力，让宝宝的脚踝像踏脚踏车似的来回运动。

3.和宝宝的眼神互相接触，并说：“骑脚踏车去梦幻花园玩喽!”

4.可配合音乐玩脚踏车游戏。

5.宝宝的心情变好，在做运动的同时，也可进入甜蜜的梦乡。

08 宝宝体操（1）

难易程度 ★★　　建议时间 5分钟

目标：使宝宝的肌肉、骨骼、关节得到良好的锻炼。

1.抓着宝宝的两手，先弯曲再伸直。

2.抓着宝宝的脚踝，往旁边张开弯缩。

3.搂着宝宝的腰，慢慢地往上托。

4.像卷被子一样，让宝宝轻轻翻身。

5.让宝宝趴着，并轻抬宝宝双手做伸展的动作。

09 宝宝体操（2）

难易程度 ★★★ 建议时间 10分钟

目标：锻炼宝宝的肢体协调能力，促进宝宝运动智能的发育。

1.一手抓着宝宝的脚，另一手支撑着宝宝的身体并推推他。

2.让宝宝两手贴住地面，妈妈抬起宝宝的腿让他倒立。由于宝宝的手臂较柔软，所以请将手摊平。

3.将宝宝的手臂往反方向轻轻地拉。

4.抓宝宝的左手和左脚往右边，右手和右脚往左边，同时左右摇动。

5.把宝宝的膝盖往心脏方向轻轻按压。

6.然后两脚高举过头。

7.将4根手指头贴在宝宝的背部，用大拇指轻轻做按压的动作。

蹦蹦跳

难易程度 ★ 建议时间 3分钟

目标：训练宝宝的下肢力量，为以后的站立作准备。

1.妈妈可以扶着宝宝腋下，让宝宝站在妈妈腿上。

2.妈妈两手用力，让宝宝做一蹦一跳的动作，并伴随宝宝的动作说“蹦、

早教指导

◆正确对待孩子的个性差异◆

运动机能上的某些差异，多由个性上的不同造成的。有的婴儿爱动，动作发展自然会快一些；有的婴儿好静，动作发展就迟一些，父母不要动不动就拿自己的孩子和别人的孩子进行比较。即使动作的发展比常规有所提前，也不能认为他一定会是个超常的婴儿。对爱动的婴儿，妈妈可试着帮他做做婴儿体操，以促进其运动机能的发展。

蹦、跳!˝不仅能锻炼宝宝的下肢，还能逐渐让宝宝听懂父母说的话。

11 翻越障碍物

难易程度 ★★★ 建议时间 10分钟

目标： 促进宝宝整体运动技能的发展，帮助宝宝大脑形成突触。

1.一边呼唤着宝宝，一边将枕头、坐垫、软垫或玩偶等放在妈妈与宝宝之间。

2.请爸爸在旁边帮忙宝宝越过障碍物，并且用˝嘿哟！嘿哟！˝的声音激励他。

12 抬起来

难易程度 ★★★ 建议时间 10分钟

目标： 锻炼宝宝的手臂和腿，有助于发展肌肉和动作的协调性。

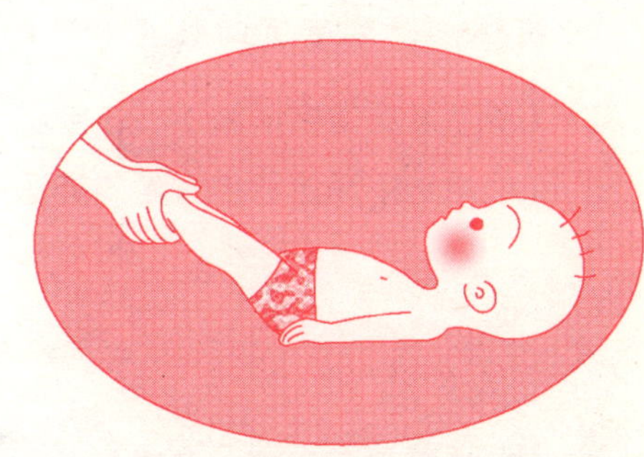

1.轻轻抬起宝宝的一条腿说：抬起来，抬起来，一、二，放下(把宝宝的腿放下来)。

2.换另一条腿再重复一遭遍。

3.换成手臂。

4.同时举起两条腿试试。

5.再试试同时举起两只手臂。

13 弯弯腿

难易程度 ★★ 建议时间 5分钟

目标： 锻炼宝宝腿部肌肉，提高其运动智能。

1.让宝宝平躺在一个坚实的地方。

2.握住宝宝的脚踝，按下面的节奏屈伸大腿。

一、二、三，弯曲膝盖。

一、二、三，弯曲膝盖。

3.用一个你较熟悉的曲调或自编曲调把上面的词唱出来。

14 滚动比赛

难易程度 ★★ 建议时间 5分钟

目标：提高宝宝的运动智能。

1.让宝宝趴在柔软平坦的地方。（铺地毯的地板或床中央都可以）。

2.在宝宝面前放一只玩具熊，并做出各种滑稽的动作，同时说下面的儿歌：

玩具熊，玩具熊，转一圈。(让熊转一圈)。

玩具熊，玩具熊，摸摸地。(让熊倒地)。

3.确认宝宝在看着小熊时，把它移到一边，这样宝宝的眼睛甚至身体也会跟着转。

4.重复儿歌，每次都移动小熊。如果宝宝累了，改天再试。

15 让宝宝跳舞

难易程度 ★★★ 建议时间 10分钟

目标：锻炼宝宝四肢与身体的平衡能力。

1.双手放在宝宝的腋下，让宝宝在一个柔软的平面上跳舞。

2.边做边朗诵这首由古老的英语儿歌“宝宝摇摆跳舞”改编而来的儿歌：

早教指导

◆发挥父亲的作用◆

在婴儿的运动、平衡和空间知觉能力方面，父亲起着更大的作用。父亲常常把婴儿举得很高，逗得他们咯咯大笑，这种具有兴奋性、刺激性和变化多样的肢体运动的游戏可刺激婴儿，提高他们的兴奋性，使婴儿更加愉快、活跃、开朗。

父亲常常具有独立、自信、坚毅、勇敢等特征，勇于克服困难、富有进取心，这些都会对孩子起到潜移默化的影响。因此，在婴儿成长过程中，父亲对婴儿的积极个性品质的形成和发展显得非常重要。

父亲也是性别角色正常发展的重要源泉。父亲积极参予与婴儿的接触，有助于婴儿对男性和女性的作用与态度产生积极、适当而灵活的理解。

宝宝摇摆跳舞，
我能给你啥帮助？
让宝宝坐上膝盖，(把宝宝放在膝盖上。)
轻轻地拍一拍。(轻拍宝宝的脸颊。)
宝宝摇摆跳舞，宝宝摇摆跳舞。

16 弹跳

难易程度 ★★ 建议时间 5分钟

目标： 对宝宝学习保持平衡起着很重要的作用，为宝宝学习走路打下基础。

1.你可以用不同的方式让宝宝弹跳和摇动：坐在你的膝盖上，肚皮朝下趴在膝盖上，平躺在膝盖上，然后你上下颠动大腿及左右摇摆。

2.下面是一首弹跳时使用的传统童谣：

赶集，赶集，买头小肥猪；
回家，回家，步子轻快。
赶集，赶集，买块面包；
回家，回家，集市散了。

17 荡秋千

难易程度 ★★★ 建议时间 10分钟

目标： 训练宝宝全身的平衡能力，提高宝宝的肢体协调能力。

1.边推宝宝边念诗边唱歌，这有利于宝宝形成韵律感以及一些重要的脑链接。

2.把宝宝放在你的腿上荡秋千，边荡边念下面这首小诗：

前前后后，前前后后。
荡啊荡啊，前前后后。

4~6个月语言游戏

01 辅音练习

难易程度 ★ 建议时间 3分钟

目标： 教宝宝练习发辅音，增强语言能力。

1.妈妈用手指着爸爸或爸爸的照片，用口唇使劲发“爸”的音，尽量使声音与人联系。

2.妈妈在照顾宝宝时可以说“妈妈洗洗”“妈妈来啦”“妈妈喂喂”等。

3.当宝宝伸手去够玩具时，妈妈要适时“拿拿”；当宝宝拍打吊起来的玩具时，妈妈说“打打”。

02 回应宝宝

难易程度 ★ 建议时间 3分钟

目标： 帮助父母和宝宝之间建立亲密的感情联结，可以鼓励宝宝表达，促进宝宝的语言交流能力。

1.婴儿如果对着妈妈的脸，发出“哇哇”声，好像要说话似的，妈妈应该回答“真的耶!有××呢!”等。

2.婴儿很喜欢和妈妈说话，这种想说话的欲望跟语言的发展息息相关。

3.尽量找时间带婴儿外出散步，并多和他说话，如“有好多车子喔!”、“有小狗耶!”等。

03 树林里散步

难易程度 ★ 建议时间 3分钟

目标： 让宝宝感受自然界不同的声音，提高其对声音的敏感度。

1.到了树林就可以感受到和都市完全不同的声音、气味。

2.把宝宝放在婴儿车里，然后在树林里散步。

3.静静地站着，仔细聆听鸟鸣声，可以提高宝宝对声音的敏感度。

早教指导

◆宝宝爱用嘴和舌进行探索◆

宝宝会抓玩具后，经常将抓住的玩具用嘴啃或用舌头舔，这是宝宝在用嘴和舌进行探索，家长不必紧张地将玩具从他口中取走。只要事前把玩具清洗干净即可。

04 咿咿呀呀来录音

难易程度 ★★ 建议时间 5分钟

目标：提高宝宝的语言智能。

建议：爸爸妈妈总会用摄影机将宝宝小时候的样子拍下来，如果能将宝宝咿呀学语的声音录下来，也是将来很好的回忆!

1.爸爸、妈妈和宝宝要一起录音，这样，爸爸、妈妈教宝宝说话的声音也能一起录下来。

2.为了营造更好的气氛，请准备蛋糕和蜡烛。

3.除了录音用的录音带之外，一些值得纪念的宝宝物品(如：幼儿日记、服装、最喜欢的玩具等)也要一起保存。

05 妈妈罗哩罗嗦

难易程度 ★ 建议时间 3分钟

目标：刺激宝宝的语言中枢，使宝宝的语言感觉更加发达。

1.一边换尿布，一边跟宝宝说明怎么换尿布。

2.消毒奶瓶或喂奶的时候，也可以跟宝宝说说消毒和喂奶的方法。

3.也可以对宝宝说妈妈现在在想什么，无论做什么事都可以说。

06 一起说

难易程度 ★ 建议时间 10分钟

目标：促进宝宝的语言交流能力。

1.这个时期的宝宝经常发出很多种声音。模仿宝宝发出的声音，可刺激宝宝发出更多的声音。

早教指导

◆鼓励宝宝发声◆

儿童成长专家丽琪·佩内洛普说："你的宝宝一天里会发出上百种不同的声音。如果宝宝叫'爸爸'、'妈妈'的时候能得到你的鼓掌和喝彩，宝宝就会连续重复这些声音，只因为这让你高兴。"

2.把宝宝所发出的"爸爸、妈妈"等词变成句子，如："妈妈爱宝宝"，"爸爸也爱宝宝"。

3.你越多地重复宝宝发出的声音，宝宝得到鼓励后就会说得越多。这其实就是对话的开始。

听声学话

难易程度 ★　　建议时间 3分钟

目标：刺激宝宝语言能力的发育。

1.录下宝宝的咿呀声。

2.播放给宝宝听，看宝宝如何反应。

3.声音有没有让宝宝感到兴奋？宝宝会向录音带回话吗？

4.如果宝宝喜欢听录音，试试录一些其他声音，如自然界的声音。

7~9个月益智游戏

7~9个月宝宝智力与训练

这个阶段的宝宝

宝宝能记住自己熟悉的人，开始明显地依恋最亲近的照料者，敏感的婴儿会“认生”。婴儿是否“认生”与智力好坏没有直接的关系。

这个阶段的宝宝能明确地表示自己的意愿和喜好，喜欢音乐的婴儿会随着音节摆动身体，并表现出高兴的情绪。

宝宝的视觉训练

这个时期宝宝的控制能力差，自我意识还处于萌芽状态，所以模仿能力不太强，但已有初步的模仿能力了。

对周围环境的兴趣大为提高，能注视周围更多的人和物体，随不同的事物表现出不同的表情，会把注意力集中到他感兴趣的事物和颜色鲜艳的玩具上，并采取相应的活动。

宝宝的动作训练

婴儿动作发展受神经系统发育成熟的影响，但在不同月龄的动作锻炼，可以促进婴儿运动机能的发展。学会爬和走的婴儿，接触和探索环境的范围扩大了，增加了认识事物的机会。他们为了达到目的，坚持和努力地爬或扶着家具走，锻炼了体

力和意志力。而且在身体运动的过程中，认识自己和外界物体之间的关系，从而产生了自我意识。因此，动作锻炼对婴儿智力发展有着重要意义。但是，成人一定要做好保护工作。

宝宝的语言训练

听懂成人说话对婴儿心理的发展具有很大的意义，也为今后语言的发展打下了基础。因此，父母应该多和孩子说话，并注意将语言、物体和动作联系起来，宝宝可以通过视觉、听觉及触觉等进一步理解语言。

宝宝的记忆力训练

婴儿的记忆能力和特点是早期教育的前提和基础。根据婴儿的这些特点，家长可有意识地教婴儿一些知识和动作，如认字、唱歌、跳舞及一些基本的生活常识等。但无论教什么东西，都必须在孩子情绪饱满的时候进行，要重视“寓教于乐”，把学习当成一种游戏，引起孩子的兴趣，让孩子在不知不觉中学到知识，不能让孩子感到学习是一种负担。

7~9个月认知游戏

01 发出声音的器皿

难易程度 ★★　建议时间 5分钟

目标： 刺激宝宝的听觉，引发宝宝的好奇心。

1.在宽口的器皿中放入米粒、豆子或小东西，并将盖子盖好。

2.妈妈高兴地摇晃器皿。

3.让宝宝也试着摇摇看。

4.放入的东西不同，发出的声音与感觉也不同。

02 世界的所有感觉

难易程度 ★★　建议时间 5分钟

目标： 提高宝宝的综合认知能力。

建议： 外面对宝宝来说就是一个神奇的世界，一起出去逛逛吧！

1.让宝宝到外面听一听鸟声、风声、汽车声。

2.让宝宝听一听狗吠声。

3.让宝宝摸一摸叶子。

4.把宝宝带到有人说话的地方，听一听人们的声音。

03 照镜子

难易程度 ★　　建议时间 3分钟

目标：提高宝宝的自我认知能力。

1.在照全身镜的时候，不妨和宝宝这样做：笑一笑。

2.晃动身体的不同部位。

3.边做鬼脸边发出滑稽的声音。

4.用嘴唇发出怪声。

5.模仿动物的声音。

6.前后摇摆。

04 声音无处不在

难易程度 ★★　　建议时间 5分钟

目标：让宝宝感受各种声音，提高宝宝的智力。

1.用嘴发声，并把宝宝的手放在你的嘴唇上感受一下。

(1)发出小蜜蜂的“嗡嗡”声。

(2)鼓起两腮，闭嘴哼唱。

(3)发出警报声音。

早教指导

◆训练孩子自己玩◆

在孩子情绪好的时候，父母可将一些玩具放在婴儿周围，让他自己玩一会儿，有利于养成从小独立支配自己的好习惯。让孩子自己玩多长时间要视具体情况而定，应注意不要孩子一闹就抱，但也不要让孩子哭得太厉害。可以有计划地逐渐延长孩子自己玩的时间。

孩子独自玩耍时，父母应经常留心察看，确保孩子的安全。

(4)咳嗽。

(5)装作打喷嚏。

2.把不同的纸弄出声响。玻璃纸和棉纸的声音都很有趣。

05 球到哪里去了

难易程度 ★★　　建议时间 5分钟

目标：帮助宝宝建立客体永存的概念。

1.和宝宝一块儿躺在地上。

2.手里拿个球(或其他玩具)，和宝宝说说它。

3.把球藏起来——放在椅子背后或你的口袋里。

4.问问宝宝："球到哪里去了？"

5.再把球拿出来，说："猫!"

6.反复玩这个游戏，每次都换个地方藏球。

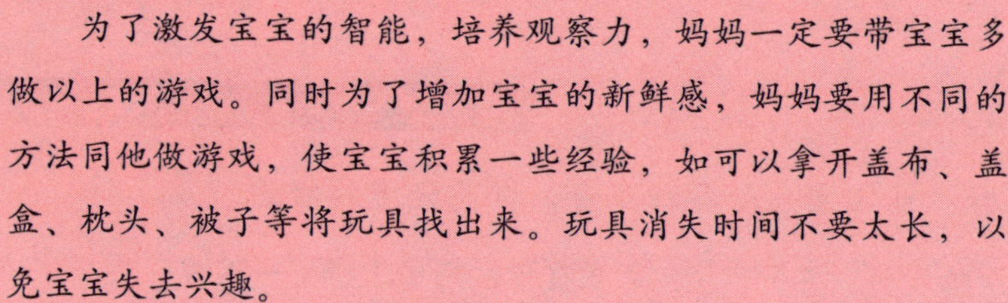

益智拓展

为了激发宝宝的智能，培养观察力，妈妈一定要带宝宝多做以上的游戏。同时为了增加宝宝的新鲜感，妈妈要用不同的方法同他做游戏，使宝宝积累一些经验，如可以拿开盖布、盖盒、枕头、被子等将玩具找出来。玩具消失时间不要太长，以免宝宝失去兴趣。

06 小脸蛋儿

难易程度 ★★★　　建议时间 10分钟

目标：促进宝宝的语言发育，建立良好的亲子感情。

1.和宝宝说话的时候摸摸他(她)，会在你们之间建立信任。

2.给宝宝念这首诗：

小脸蛋，(摸摸宝宝的脸蛋儿)
小下巴，(摸摸宝宝的下巴)
食物从这里进来啦!(摸摸宝宝的嘴巴)
小眼睛，(摸摸宝宝的眼睛)

小鼻子，(摸摸宝宝的鼻子。)

我要亲你的小脚丫。(亲亲宝宝的脚趾。)

07 看图说话

难易程度 ★★ 建议时间 5分钟

目标：提高宝宝的语言智能。

1.每天要抽出一点儿时间来读书，睡觉前的时间就不错。

2.要选择句子简短和有插图、容易懂的书。

3.让宝宝拿着书自己翻页。

4.先给宝宝讲讲图片，然后再讲故事。

5.停下来谈谈宝宝感兴趣的任何事。图片可能让宝宝想起其他的事情。使用大量描述性的语言和宝宝交谈。

08 认知室内物品

难易程度 ★★ 建议时间 5分钟

目标：提高宝宝的认知能力。

1.让孩子看图和实物，看清形状、用途、颜色，指认一件，叫出这件物体的名字，如沙发、电视机、桌子、椅子……

2.要调动"重复"这个手段，加快认知过程。

09 认知动物

难易程度 ★★★ 建议时间 10分钟

目标：发展认知能力，发展语言能力，满足孩子热爱动物的天性，培养爱护动物——人类朋友的善良之心。

1.给孩子指认图上的小狗、小猫、鸽子、鱼，大人可模仿其叫声。如有实物，可对照认知。

2.反复感知后，当大人说出小狗，孩子可从图上指认出来。

7~9个月运动游戏

01 滚球球

难易程度 ★★ 建议时间 5分钟

目标： 促进宝宝的运动灵活性。

1.当宝宝能很轻松坐起来的时候，滚给他(她)一个球。

2.开始时可以用柔软的布球。

3.轻轻地滚动球，给宝宝示范如何抓到它。

4.宝宝非常喜欢这个游戏，尤其球滚过来的时候宝宝会很兴奋。

5.滚球的时候可以给宝宝唱下面这首儿歌：

滚，滚，滚球球，滚给乖宝宝。

滚呀，滚呀，滚，滚给乖宝宝。

02 抓住摇晃的球

难易程度 ★★★ 建议时间 5分钟

目标： 帮助宝宝锻炼上肢肌肉力量，提高宝宝肌体控制能力，促进宝宝空间感知能力的提高，加强对距离的感受。

1.将球或气球绑在绳子上左右摇晃。

2.此时宝宝为了抓住球会伸出手来。请在宝宝可以抓到球的距离里，让球晃动。

3.让球逐渐地晃到较远的地方，而宝宝想要抓到球，就要移动自己的身体。

4.如果宝宝抓到了球，就请妈妈跟他玩“拔河”游戏——互相拉扯球，并且故意输给宝宝，然后说：“我们的宝宝力气好大啊!”来鼓励宝宝。

03 往前爬抓玩具

难易程度 ★★★　建议时间 5分钟

目标： 增强宝宝前庭与小脑的平衡能力，为日后宝宝运动智能的发展奠定良好的基础。

1.宝宝开始爬的时候，在离他稍微有一段距离的地方放置玩具，让他爬过去抓。

2.刚开始，宝宝的身体不能往前移动，妈妈要在后面轻轻地推宝宝的身体。

3.慢慢地把玩具放在远一点的地方，使爬行的距离愈来愈长。

益智拓展

爬行多和爬行灵活的宝宝，学习站立行走更容易。通过爬行训练能够有效提高宝宝昂首挺胸、抬腰、四肢支撑身体的能力。经常练习爬行的宝宝神经纤维联系成网较早，视听动作协调灵敏，分辨能力高，对以后的学习会产生深远影响。视觉分辨能力良好有利于阅读，听觉分辨能力良好有利于理解，动作体位的协调有利于空间知觉的辨认，分清上下、左右和前后；平衡能力良好有利于各种体能运动训练。

04 倒了，哗啦啦

难易程度 ★★　建议时间 5分钟

目标： 提高宝宝肌体控制能力。

1.妈妈将积木堆成2～3层的塔。

2.好不容易堆起来的塔，宝宝能轻易地就弄倒。让宝宝“哗啦”一声把塔弄倒。

3.妈妈一边装出哭的声音和表情，一边说：“我们的宝宝把妈妈堆的塔弄倒了啦!”然后再把塔堆起来。

4.宝宝又会继续想要把塔推倒。

05 越过枕头山吧

难易程度 ★　建议时间 3分钟

目标：使宝宝身体的平衡功能获得发展。

1.请把被子、枕头、坐垫堆起来。

2.然后宝宝就会爬上去。

3.妈妈喊着“嘿哟！嘿哟！”来鼓励宝宝。

4.宝宝爬上去的样子是多么的可爱啊！

5.妈妈在“枕头山”的另一边伸出脸，并与喊“哇”的游戏连接看看。

06 撕纸游戏

难易程度 ★★　建议时间 5分钟

目标：发展宝宝的动作，锻炼宝宝的手部肌肉力量。

1.妈妈将几张报纸订在一起，然后拿给宝宝。

2.让宝宝把报纸一张一张地撕下来。

3.妈妈可先撕一张来做示范。

益智拓展

撕纸能够帮助宝宝锻炼手部肌肉以及双手协调能力，同时撕纸的响声能给宝宝带来愉悦，但是不宜纵容宝宝什么纸都去撕，如果宝宝形成印象认为纸都可以撕，以后就难以改正。

07 画一个圆

难易程度 ★★★　建议时间 5~10分钟

目标：锻炼宝宝手的灵活性和准确性。

建议：妈妈跟宝宝面对面坐着，一边说圆形、三角形、四边形，一边跟着画出形状的游戏。

1.妈妈伸直手臂，画一个大大的圆。

2.让宝宝也跟着妈妈一起做。

3.在画圆的同时，身体就会展开成一直线。

4.用右手和左手交替来画圆。

5.慢慢将左、右手伸展到极限，画一个大圆，才能达到运动的效果。

08 穿越隧道

难易程度 ★★★ 建议时间 5～10分钟

目标：有助于丰富宝宝的空间知觉和视觉空间智能。

1.妈妈用膝盖和手臂靠着地面，然后趴在地上。

2.让宝宝从膝盖和手臂之间爬过去。

3.宝宝想要经过的时候，就用膝盖和手臂把宝宝抓住。

4.宝宝就会一边笑一边想要溜过去。

5.为了想要溜过去必然会花费很多力气，很自然地就让宝宝的全身得到了运动。

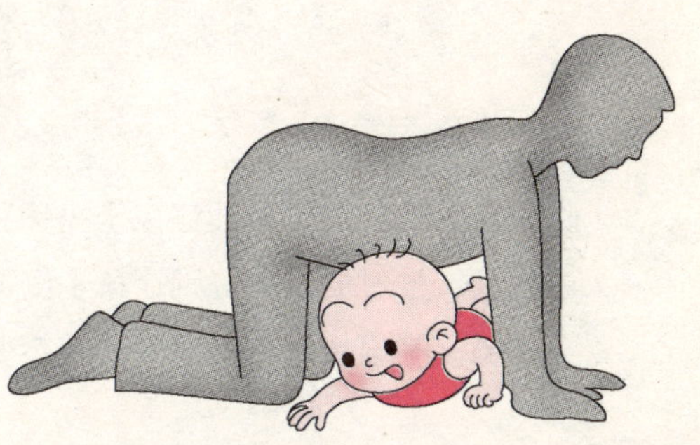

09 助爬

难易程度 ★★★ 建议时间 5～10分钟

目标：锻炼宝宝的肢体协调能力，提高其运动智能。

建议：训练时间不宜过长，防止孩子手臂支撑不住，碰伤脸部。

1.孩子俯卧，双手支撑着前胸，大人用手在后面推着孩子双脚掌，使孩子借助大人力量向前移动身体。

2.还可在孩子前面放些引诱物，引逗他去拿，久而久之就会爬了。

10 玩球

难易程度 ★★ 建议时间 5分钟

目标：提高宝宝的模仿能力。

1.孩子坐好，大人把球(直径5～6厘米，孩子能抓起来)滚到孩子跟前，教孩子像大人那样滚回去，交替往返，逐渐拉远距离。

早教指导

◆怎样对待婴儿的好奇心◆

宝宝喜欢新异的东西，好奇心驱使着他，什么都想摸摸、动动。宝宝就是通过这种反复的动作逐渐了解到“动作”和“结果”的联系，从而发展了其认知能力。

因此，家长要保护和鼓励这种好奇心。凡是没有危险的东西，都可以让孩子自由地玩或扔，以满足他的好奇心和探索愿望，培养他的初步思维活动。但对有危险的动作或东西，应该用语言和表情加以制止，告诉他不要动，甚至让他自己体会一下。如热水很烫手，轻轻摸一摸，以后就不敢再动有危险的东西了。

2.除滚球以外，还可穿插让孩子扔球，用小脚丫踢，变换多种玩法。

3.注意孩子坐时的平衡，别让孩子倒下，以免磕碰头部和其他部位。

4.会爬的孩子要想爬着够球，大人不要干预，更要注意安全，以防不测。

11 手指的屈伸

难易程度 ★ 建议时间 3分钟

目标：提高宝宝的模仿能力和手指灵活性。

建议：左右手都要进行。

1.大人先示范，用手指抓挠，再把孩子一只手稍举，让他进行模仿，学会后大人要表扬“好棒！好棒！”。

2.当见了别人，就鼓励他给抓挠。反复进行，大有好处。

7～9个月语言游戏

01 一起来咿咿呀呀

难易程度 ★ 建议时间 3分钟

目标： 帮助父母和宝宝之间建立亲密的感情联结，鼓励宝宝表达，促进宝宝的语言交流能力。

1.请妈妈跟着宝宝的话说说看。

2.学着宝宝发出的声音。

3.请妈妈把自己想说的话用宝宝说话的方式说出来。

4.宝宝会因为觉得有趣而张嘴笑呵呵。

02 呼吸新鲜空气

难易程度 ★ 建议时间 10分

目标： 提高宝宝的语言智能。

建议： 人的大脑在幼儿期，特别是周岁前的时间，发展得最为快速。为了让头脑保持正常发展，请让宝宝经常呼吸清新、干净的空气。

1.将空气清新的地点列出一个表来。如：附近的小山坡、登山道、公园、河边等。

2.请到各个地方走走，享受散步的快乐。

3.对着宝宝说：“哇!舒服又清新的空气，头脑会变得聪明喔!”

03 问与答

难易程度 ★ 建议时间 5分钟

目标： 提高宝宝语言交流能力的发展。

1.请妈妈好像在跟宝宝对话一样地自问自答。

早教指导

◆如何进行言语训练◆

1.模仿唇形

婴儿学会模仿唇形，发出辅音，现阶段婴儿的学习就是一个模仿过程，模仿能力越强学到的东西就越多，语言更是如此。妈妈同婴儿说话时，话要简单，口形明确，以利于宝宝模仿。

2.多和婴儿说话

同婴儿说话要从他一生下来就开始，父母可利用各种场合跟婴儿说话，并且说话要富有表情，努力为孩子提供良好的语言环境。

2.“宝宝想要成为什么样的人呀？”“想成为帮助人的善良的人啊!”一边这样自问自答，一边抚摸宝宝的头。

3.试着这样问：“宝宝哪里最漂亮呀？”

4.请妈妈养成每件事都要跟宝宝对话的习惯。

04 会发声的面具

难易程度 ★★ 建议时间 5分钟

目标：让宝宝初步熟悉不同动物的各种声音，愉悦宝宝的情绪。

1.在纸上贴一张动物图画，做成动物面具。

2.妈妈戴上贴有小狗图案的面具，并发出小狗的叫声。

3.妈妈戴上小牛面具，并发出“哞!哞!”的声音，模仿牛的叫声和动作。

4.宝宝对面具所发出的声音感到很新奇，会摸摸面具，并且呵呵大笑。

5.宝宝会以为声音真的是面具上的那些动物所发出的。

05 摸摸妈妈的嘴唇

难易程度 ★ 建议时间 3分钟

目标：提高宝宝的语言能力。

建议：除了耳朵之外，宝宝也会利用眼睛、皮肤来学习语言。请摆脱只是反复说着“妈妈”，光依赖耳朵的学习方法。

1.妈妈一边说着“妈妈”，同时让宝宝的手碰触妈妈的嘴唇。

2.妈妈一边说着“妈妈”，同时用手指着自己。

3.妈妈一边说着“××(宝宝的名字)”，一边让宝宝听着自己的名字，并用一只手碰触妈妈的嘴唇，另一只手碰触自己的身体。

06 电话游戏

难易程度 ★★ 建议时间 5分钟

目标：调动宝宝对语言的兴趣，促进语言智能的发展。

1.让宝宝靠坐在床上，妈妈坐在对面。

2.妈妈拿起玩具电话，对着电话说：“喂，宝宝在家吗？”

3.再帮助宝宝拿起电话，说：“丁铃铃，来电话了，宝宝接电话吧。”

4.妈妈分饰两个角色，演示妈妈和宝宝的“对话”，可以聊聊今天妈妈做的事和宝宝做的事。

益智拓展

要调动宝宝说话的热情，尽量重复宝宝“咿咿呀呀”的语言，并且加上相应“注释”。妈妈在“电话”中，要尽量通过强调某个词汇，加强宝宝对生活常用词的认识和理解。

07 大声念书

难易程度 ★★ 建议时间 5分钟

目标：提高宝宝的语言能力。

建议：请和宝宝一起朗读书中的文字，虽然宝宝不懂里面的内容，但是单纯地大声念书，也可以让宝宝头脑发达。朗读的声音可以刺激头脑，使得脑部细胞的活动更加活泼。

早教指导

◆保持宝宝愉快的情绪◆

孩子愉快时，就会咿咿呀呀学语。宝宝语言正是在咿咿呀呀学语中发展起来的。在其他条件等同的情况下，愉快的孩子比不愉快的孩子学话要快些、好些。

1.请一个字、一个字清清楚楚地念出来。

2.宝宝应该也会跟着妈妈咿咿呀呀地念。

3.宝宝开始咿咿呀呀地说话，请配合宝宝的节奏念。

4.妈妈和宝宝一起大声念书的话，宝宝也可以建立快乐念书的习惯。

08 对小朋友感兴趣

难易程度 ★★　建议时间 10分钟

目标：培养宝宝与人交往的能力，提升宝宝智能。

1.这段时间他虽然不会跟别的小孩一起玩耍，却很喜欢在旁边看。

2.多带他到外面，让他有机会跟别的小朋友玩。

3.外出时，妈妈应该帮他找朋友。

4.婴儿虽然还没有朋友意识，对朋友的兴趣却很浓厚，这时候要帮他打好交朋友的基础。

09 宝宝模样的扇子

难易程度 ★★　建议时间 5分钟

目标：提高宝宝的自我认知能力，提升语言智能。

1.在扇子的两面贴上白色的纸。

2.在其中一面贴上宝宝的照片。

3.在另外一面画上宝宝的笑脸。

4.让宝宝拿着扇子把玩。

5.宝宝会看着自己的脸和笑脸，然后学表情。

6.妈妈可以不时地把扇子往脸上扇。

10 指令操作

难易程度 ★★　建议时间 10分钟

目标：教宝宝听懂指令性语言，提升语言智能。

1.父母面对宝宝，发出简单的指令，如叫他拍拍手，摇摇头，或伸出舌头笑一笑等。

2.一边说一边亲自做示范给宝宝看，如果宝宝能够了解说话的内容，父母可只说话，不做示范。

益智拓展

父母指令的发出可以由慢到快，由一项指令到多项指令，难度逐渐增大，当宝宝执行动作的游戏玩熟练以后，可以转换角色，让宝宝做发令员。

10~12个月益智游戏

10~12个月宝宝智力与训练

这个阶段的宝宝

此时的宝宝好奇心逐渐增强，什么都想用手去摸一摸、试一试，模仿能力更进一步发展。

对宝宝将要做出的危险动作，大人必须简单明了地说“不行”，用严厉的语气加以制止，以后一听到“不行”这句话，孩子就不敢做危险的事了。

宝宝的语言训练

宝宝说话的萌芽阶段，这时语言能力的增长最快，是最善于模仿的时期，也是加紧进行语言训练的好时机。

宝宝的动作训练

这个时期的宝宝不但能坐稳，有的已经开始抓着东西走动了；手的动作更加灵巧，手眼协调能力又进了一步。这个时期，除了在室内进行各种锻炼外，父母还应经常带婴儿到户外去锻炼。

宝宝的情感交流

脾气好的孩子常常是一个人玩，和成人对话或交流的机会比脾气坏的孩子相应要少，家长一定要警惕这种因为“无人理睬”而导致的智力落后。

10～12个月认知游戏

01 木琴演奏

难易程度 ★★★　建议时间 5～10分钟

目标：让宝宝感受不同的声音，提高听觉能力，并培养其节奏感。

1.妈妈握着宝宝的手，一边敲打木琴，一边唱歌。

2.即使歌声和拍子搭不起来也无所谓。

3.这一次，请让宝宝独自演奏看看。

4.有时候，宝宝也会自己一边敲打木琴，一边唱歌。

02 翻书

难易程度 ★★　建议时间 5分钟

目标：提高宝宝的听觉能力、倾听习惯以及语言符号识别能力。刺激宝宝手指精细运动能力的发展。

1.拿专供婴儿阅读的大开本彩图、薄而耐用的书，边讲边帮助他自己翻着看，最后让他自己独立看书。

2.家长观察孩子是否顺着看，从头开始，每次翻一页还是几页。

3.孩子开始时可能不分倒顺和次序，要通过认识简单图形逐渐加以纠正。

4.随着空间知觉的发展，孩子自然会调整过来。

03 抓转动的球

难易程度 ★★★　建议时间 5分钟

目标：锻炼宝宝手部动作的准确性，发展宝宝视觉追踪以及与手部运动的和谐配合能力。

1.将球放入碗里后，球会自己转动喔！

早教指导

◆用爱启动孩子健康的人生◆

婴幼儿时期是大脑、智力和社会适应能力发展最快的时期，婴儿需要在充满爱的环境中长大。如果这个时期婴儿得不到应有的爱，将会使婴儿造成某些心理发育方面的缺陷。一旦造成，以后将难以弥补。因此，只有用爱心才能启动孩子健康的人生。

2.让宝宝观察球在碗里转动的情形。

3.让宝宝抓抓转动的球。

04 把气球弄破

难易程度 ★★ 建议时间 5分钟

目标：提高宝宝的感知能力。

1.请将气轻轻地吹入气球中。吹太鼓的话，气球很容易破掉，就不好玩了。

2.因为气球不容易破，宝宝可以用身体摩擦气球。

3.也可以让宝宝用手搓揉气球，把气球抱在怀里或用力夹住。

4.因为气球不会很鼓，即使用脚踩踏也不容易破。

5.玩一阵子之后，将气球“砰”的一声弄破，会很有趣喔!

05 敲打牛奶盒

难易程度 ★★ 建议时间 5分钟

目标：刺激宝宝听觉，促进大脑发育。

1.在洗净的牛奶盒里放入一些珠子。

2.让宝宝用玩具槌子“突!突!”地敲打牛奶盒。

3.盒子里发出珠子撞击的声音，能刺激宝宝的听觉。

4.用槌子往牛奶盒的中间敲打，珠子就“骨碌碌”地滚来滚去。

06 敲“鼓”

难易程度 ★★ 建议时间 5分钟

目标：提高宝宝手指动作的精细化程度。使眼、手、脑的配合协调能力进一步发展。

1.将奶粉罐横放在宝宝前面，让宝宝手里握住一根筷子。

2.先教宝宝敲打的方法。

3.如果有打鼓的图片，请给宝宝看。

4.这时，请让宝宝的双手分别拿着一根筷子，往奶粉罐的两边敲打。

5.两边发出的声音若不一样，宝宝会觉得更有趣。

6.再做一个鼓，妈妈可以和宝宝一起合奏。

◆益智拓展◆

宝宝练习敲鼓，能发展手的技巧。这是因为宝宝要用手或小棍敲中鼓面才能发出声音。宝宝通过听音可以纠正自己打鼓的技巧，使手、眼、耳互相协调而使技巧进步。

07 给瓶配盖

难易程度 ★★★　建议时间 5分钟

目标： 刺激宝宝的听力。

1.让宝宝玩大大小小的瓶。

2.宝宝打开盖子后又盖起来，想找合适的瓶盖。

3.如果宝宝找对盖子，请鼓掌给予鼓励。

08 玩具键盘

难易程度 ★★　建议时间 5～10分钟

目标： 提高宝宝的听觉记忆能力，并培养其音乐节奏感。

1.让宝宝坐在妈妈的膝上，然后一起敲打键盘。

2.请从高音开始弹，再弹到低音。

3.请妈妈一边弹奏，一边告诉宝宝音阶。

4.请重复弹几次相同的音阶，让宝宝熟悉。

5.用钢琴弹简单的儿歌，并边弹边唱。

6.宝宝会随着琴声，跟着一起唱。

09 野外探险

难易程度 ★★　建议时间 10分钟

目标： 提高宝宝的自然认知能力。

建议： 在晴朗的日子里外出游玩，是锻炼宝宝各种感官的一个好办法。

1.和宝宝一起在草地上爬。

2.告诉宝宝感兴趣的东西都叫什么。

3.闻闻花香、用小草挠痒、寻找小虫子等等，有好多事情可做。

4.在草地里打滚是很有趣的，宝宝将充分享受那种刺痒的感觉。

10 里和外

难易程度 ★★　建议时间 5~10分钟

目标： 帮助宝宝理解里、外、上、下、前、后的空间概念，提高其智力水平。

1.从“里”、“外”这些概念开始。

2.拿一个大纸袋，在里面放一个宝宝最喜欢的玩具。

3.帮宝宝找到玩具，并把它拿出来。

4.再把它放进去，重复玩几次。

5.编一首类似下面的滑稽儿歌，每次把玩具放进袋子的时候唱一遍：

怪怪纸袋，
玩具进来，
嘭、嘭、嘭!(最后一声稍大。)

11 在哪里

难易程度 ★★　建议时间 5分钟

目标： 提高宝宝的认知和记忆能力。

1.和宝宝坐下来一块儿看看照片。

2.找出家人的照片。

早教指导

◆如何进行动作锻炼◆

1.扶站—独站

9个月的宝宝已不愿总是一个姿势或总在一个小范围内活动。这时可给婴儿准备一些活动场所，让小儿扶着或靠着练习站立。

2.扶着坐下

在婴儿处于扶站姿势时，可有意识地把一些玩具放在他的下面，鼓励婴儿坐下去拿，这需要婴儿手与身体的稳定配合动作。

3.自由活动

给宝宝准备一块安全自由活动的地方，最好在地上靠床边或沙发边铺好垫子。在婴儿觉醒时鼓励婴儿自己活动，不要经常抱着。

4.拉起蹲下

成人站在宝宝的对面，握住宝宝的双手，拉起宝宝使他站立，再放下宝宝让他蹲下，来回运动。

5.扶站和迈步

让宝宝扶着沙发或横捧椅子站起，然后用小车或滚球，诱导他迈步去够取玩具。

6.蹲下捡玩具

让婴儿扶栏蹲下捡物，再次站立起来。进而要求宝宝单手扶栏站立，再蹲下捡物，再站立。

3.边看照片边告诉宝宝照片上是谁。再说一遍这个人的名字，让宝宝在照片里指认。

4.然后用手盖住照片，让宝宝去找那个人。

5.换张照片继续玩儿。

6.宝宝懂得的东西会越来越多。

10~12个月运动游戏

01 横跨迈步

难易程度 ★★★ 建议时间 10分钟

目标： 促进宝宝腿部肌肉和骨骼的生长，提升其运动智能。

1.宝宝睡醒后，妈妈可以帮助宝宝扶着床栏站起，并让宝宝扶着床栏横跨迈步。

2.妈妈也可以让宝宝在铺着地毯或者席子的地上玩，宝宝会扶着椅子的支架站起来，双手扶着椅子或床沿学着迈步。

3.也可以把凳子排成行，每张凳子相距30厘米，宝宝会扶着凳子迈步。

02 站起来

难易程度 ★★ 建议时间 5分钟

目标： 平衡宝宝身体，促进身体各部位的协调能力。

1.在地上铺好柔软的垫子。

2.扶着宝宝的胳肢窝，帮助宝宝站起来。

3.请保持上面的动作，让宝宝慢慢地往前走。

4.妈妈如果将手慢慢放开的话，宝宝马上就会歪歪扭扭地跌坐在地上。

5.重复这个过程几次之后，宝宝会觉得很累，所以请让宝宝充分地休息。

6.宝宝如果自己站起来的话，请全家人给予欢呼，增加宝宝的勇气。

03 滑滑梯

难易程度 ★★ 建议时间 5分钟

目标： 锻炼宝宝的攀爬迈步能力，促进肢体协调智能的发展。

1.让宝宝自己扶栏杆上滑梯，妈妈要在旁边协助和保护宝宝。

2.让宝宝一只脚先上去，另一只脚跟上，每一步都踏稳后再尝试迈上一梯。

3.如果需要换脚上梯时，帮宝宝用手拉住扶手，身子微微向前。

4.爬上去后，让宝宝坐好再往下滑。滑下来时要帮宝宝扶好扶手，注意速度和脚落地时的动作。

益智拓展

10～12个月的宝宝最喜欢爬高爬低，这种游戏能够锻炼宝宝攀爬迈步，同时学会控制身体的平衡。滑滑梯对宝宝来说是一种全身性的锻炼。妈妈可以带宝宝到公园里，让宝宝参加集体滑滑梯活动，让宝宝学会跟小朋友一起排队，学习排队和小朋友一起玩耍的活动规则。

04 谁吹出来的气

难易程度 ★★　建议时间 5分钟

目标：增加宝宝的肺活量，让宝宝的脸部肌肉结实。

1.在桌角放一张纸，使纸张的一部分露出桌外。

2.妈妈先吹气，让纸张飘扬。

3.纸张被吹得团团转，飞走了。

4.让宝宝试试看。

05 夹子游戏

难易程度 ★★★　建议时间 10分钟

目标：锻炼宝宝手部肌肉的能力。

建议：对手部力量很小的宝宝来说，夹子是非常难使用的工具。请妈妈帮助宝宝，引导宝宝用夹子夹东西。

1.引导宝宝将夹子夹在纸上或绳子上。

2.让宝宝用夹子夹起重量轻的物品，移动看看。

3.让宝宝用夹子发出“答答”的声音。

06 用汤匙搬运米

难易程度 ★★★ 建议时间 5分钟

目标：促进手部精细动作的发展。

1.在碗里放入黄豆或米后，妈妈先给宝宝示范，用汤匙将黄豆或米移到其他的碗里。

2.让宝宝模仿妈妈的动作。不要急，让宝宝慢慢来。

3.让宝宝将掉出来的米捡回碗里。

益智拓展

这个游戏可以发展宝宝动作的连贯性和协调转换的能力，增强动作的自由度。一开始宝宝拿汤匙是不分左右手的，这时候妈妈不要迫使他纠正，因为双手并用有助于开发宝宝的左右大脑。

07 踢皮球

难易程度 ★★ 建议时间 5分钟

目标：促进孩子腿部骨骼、肌肉的发育，激发孩子走路的兴趣。

1.地上放一只皮球，妈妈站在孩子身后，用双手扶住孩子的腋下。

2.引导他往前走，去追踢地上的皮球。

08 用棍子够玩具

难易程度 ★★★ 建议时间 5分钟

目标：培养孩子了解物体与物体之间的关系，初步尝试使用“工具”。

1.把玩具放在孩子能看到但用手够不着的地方，然后给孩子一根细长的纸棍，看他会不会用棍子够玩具。

2.如果给他示范，他就会模仿。

3.不要苛求孩子能准确地把玩具取出

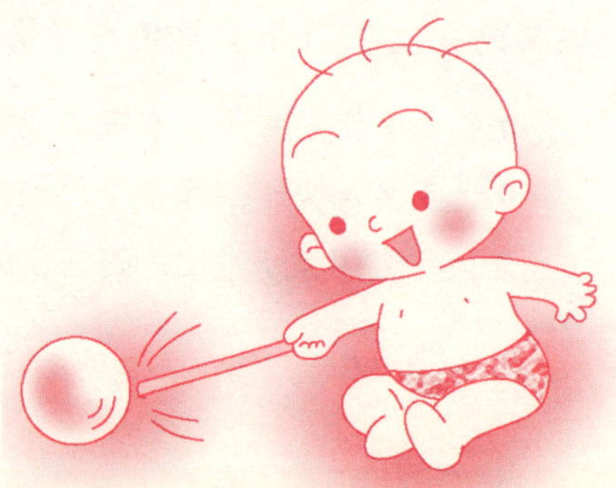

来，只要能用棍子碰到玩具就是成功。

09 钓鱼游戏

难易程度 ★★★　建议时间 10分钟

目标：发展宝宝的手眼协调能力和上肢控制能力，锻炼整个身体的动作协调性。

1.将铁丝衣架展开成一字形。

2.衣架的挂钩部分请保持原样。

3.可以用衣架来玩钓东西的游戏。

4.将杯子或玩具等所有可以钓的东西放在有点距离的地方，让孩子钓起来。

10 啦—嘀—嗒

难易程度 ★★　建议时间 5～10分钟

目标：促进宝宝四肢运动，增强自我意识。

1.这既是一个很好的伸展训练，又是学习认识身体部位的好办法。

2.向上高举手臂，然后弯腰尝试够到脚尖。

3.鼓励宝宝照着做。

早教指导

◆为孩子的成功喝彩◆

10个月的宝宝是喜欢接受表扬的孩子，因为他已能听懂人们常说的赞扬话，同时他的语言动作和情绪也发展了。他会为家人表演游戏，如果听到喝彩称赞，就会重复原来的语言和动作。这是他能够初次体验成功欢乐的表现。而成功的欢乐是一种巨大的情绪力量，它形成了宝宝从事智慧活动的最佳心理背景，维持着最优的脑活动状态。它能不断地激活婴儿探索的兴趣和动机，极大地助长他形成自信的个性心理特征，而这些对于婴儿成长来说，都是极为宝贵的。

对孩子的每一个小小的成就，父母都要随时给予鼓励。不要吝啬你的赞扬话，而要用你丰富的表情、由衷的喝彩、兴奋的拍手、竖起大拇指的动作来称赞他，营造一个“强化”的亲子气氛。这种“正强化”的心理学方法，会促使孩子健康茁壮地成长。

4.举手的时候说：

高举手臂，向下够脚，啦—嘀—嗒。

5.做几次以后换其他部位，比如说：

高举手臂，向下够膝，啦—嘀—嗒。

6.宝宝很喜欢说“啦—嘀—嗒”。

11 拔河比赛

难易程度 ★★　　建议时间 5~10分钟

目标：促进宝宝四肢肌肉的发育，提高运动智能。

1.这个游戏锻炼手臂上部的肌肉，宝宝绝对会喜欢。

2.和宝宝面对面坐在地板上。

3.手抓住长围巾的一角，把另一角给宝宝。

4.轻轻地拽动长围巾，教宝宝怎么把它拉回去。

5.宝宝使劲儿拉的时候，你假装倒下，宝宝会非常开心。

12 用杯子喝水

难易程度 ★★　　建议时间 5分钟

目标：锻炼宝宝手拿物品的能力以及手、眼的协调性，促进其大脑的发育。

1.此时的孩子可以用杯子喝水了，应多锻炼，使相关的几个部位如手、嘴、呼吸系统相协调。

2.杯内放些孩子爱喝的饮料，递给孩子让他双手拿好，大人帮他扶正放到嘴边，开始帮他控制角度和方向，让他自己喝。

3.一改过去大人喂，变成自己独立喝，孩子很有痛快心理，再也不愿意大人喂了。

早教指导

◆培养孩子的注意力◆

注意是感知觉、记忆、学习和思维等不可缺乏的先决条件。研究证明，婴儿时期的注意力水平同以后的认识能力有很大关系。一般来说，婴儿注意力好，则学习效果好，能力提高也快。

培养婴儿的注意力应选择在婴儿觉醒状态时，只有生理上得到满足，婴儿感到很舒服，这时他们变得很机敏，即大脑皮层处在优势兴奋状态，容易集中注意力。

另外，选择适合婴儿年龄的刺激物。研究证明，周岁婴儿有了选择性注意能力，主要表现在视觉和运动方面。在婴儿专注玩耍时，不要打断他。在给他讲图画时，用手指点，引起他的注意。在认图识字时，不要播放电视或收音机，尽可能营造一个安静有序的环境，以利于培养婴儿的注意力。

13 跟我做

难易程度 ★　建议时间 3分钟

目标：锻炼整体运动技能有助于宝宝建立脑连接。

1.做一个动作让宝宝照做，如果宝宝不明白“照做”的含义，你可以直接移动宝宝的身体跟你一块儿做。

2.站在一面大衣镜前做这个游戏。

3.比如：迈大步(如果宝宝还不会走，就换成爬行)，迈小步(如果宝宝还不会走，也换成爬行)。

4.手臂侧伸，绕一大圈。换只手臂绕圈。抱一个大沙滩球，扔球，捡球。

14 练蹲蹲

难易程度 ★　建议时间 3分钟

目标：锻炼宝宝下肢肌肉的力量，为以后行走打下良好的基础。

1.大人盘腿坐在床上，让婴儿在面前站立，大人的腿轻轻压着孩子的脚面，然后拉着孩子的手，让他慢慢蹲下，再让孩子挺身站起来，口中说：“蹲蹲站站，多吃饭饭。”

2.反复做几次，时间长了，腿自然就练硬了。

捏豆豆

难易程度 ★★★　建议时间 5分钟

目标：提高宝宝手部精细运动能力。

1.用一小口玻璃瓶，让孩子把撒在地上的小红豆、小绿豆、大米粒、黄豆等捏进瓶内。

2.为了激发他的兴趣，大人可以跟孩子一块捡，边捡边唱：

捡豆豆吃肉肉，
吃进豆豆拉臭臭。

益智拓展

孩子的“运动发育”是从上到下，由近到远、从粗到细。比如手拿物品，先用全掌握持，到手指端捏取。大肌肉先发展，小肌肉后发展。所以应提前训练由大肌肉支配下的会画直线，到训练由小肌肉支配下的会画弧画圆。

遛边走

难易程度 ★　建议时间 3分钟

目标：练习腿部力量，提升肢体协调智能。

1.以游戏形式，爸爸在客厅东面，妈妈和孩子在客厅西面，爸爸诱逗孩子过来，妈妈可让孩子扶着沙发走过去，如沙发之间有空隙，尽量让孩子自己想办法(爬或要求大人帮助)，一定要走到爸爸跟前。

2.大人诱逗时可唱儿歌：

走一走，扭一扭，扶住沙发不离手，
不离手，慢慢走，绕过屋门口，
走得好不好，妈妈快瞅瞅。

17 玩铁筒

难易程度 ★★★　建议时间 5～10分钟

目标：帮助宝宝练习爬行，锻炼宝宝肢体的协调性。

1.用空铁皮筒，内装石子、棋子、扣子等物，让孩子爬着滚动。

2.或边爬边推玩具汽车、坦克车，同样达到爬的目的，如有响声更会引起孩子的兴趣，可坚持爬行时间长一些。

3.开始大人要把铁筒滚到孩子面前，孩子就学着滚开了，推车也是如此，大人先教一遍。

18 踢毽毽

难易程度 ★★　建议时间 5分钟

目标：锻炼宝宝腿部肌肉力量，为以后行走打下基础。

建议：孩子兴致来了会踢个没完没了，大人应适当控制，踢一会儿歇一会儿，要坚持常踢。

1.孩子背靠支撑物，大人背后扶着或靠在墙上站好，让孩子用脚踢垂在脚前的毛毽毽。

2.大人口念儿歌："踢毽毽，一踢踢个大泡泡"。

10～12个月语言游戏

01 宝宝说话了

难易程度 ★　建议时间 5分钟

目标：刺激宝宝说话的欲望，提升语言智能。

1.当宝宝发出任何声音的时候，就以稍微夸张的表情和声音说："哇!我们的宝宝会说话了!"来鼓励他。

早教指导

◆培养宝宝的阅读能力，应从给宝宝朗读开始◆

父母为宝宝朗读是与宝宝交流的一种特别有效的方式。朗读所提供的语言信息是经过加工提炼的、优美的、规范的书面语言。如果朗读的是韵文，则能使宝宝注意到语言中的逻辑停顿和语调中的抑扬顿挫，这有助于宝宝对语言美和对作品的理解。此外还要注意以下几点：

1.朗读的开始 朗读开始的时间宜早不宜迟，可以从新生儿期就开始。

2.朗读的规律 最好是睡前朗读，以养成习惯。

3.作品的选择 选择好书，不仅儿歌、故事可以朗读，经典著作、名篇佳作也未尝不可。

4.朗读的方式 一定要有表情地、抑扬顿挫地朗读。

2.当宝宝发出声音的时候，爸爸和妈妈就拍手，并表现出很高兴的样子，宝宝就会觉得非常的开心。

3.宝宝因此能体验说话的乐趣。

02 画图和写字

难易程度 ★★★　　建议时间 5分钟

目标： 提高宝宝语言和认知能力。

1.在半张纸上，将各种图画贴成一列。

2.在图画底下写上文字。

3.妈妈一边看着图卡，一边跟宝宝说图中事物的名称。

03 看报纸

难易程度 ★　　建议时间 3分钟

目标： 提高宝宝的语言智能。

建议： 早上或上午时，让宝宝和妈妈一起看报纸，使宝宝熟悉文字和图画。这比起早上一起床就看电视来得有益处。

1.翻开报纸，妈妈一边指着图画，一边像读故事书似的说故事给宝宝听。

2.看到报纸上的照片，宝宝会“嗯嗯啊啊”地好像在说些什么似的。

3.看到报纸上刊登有关运动方面的图片，请让宝宝也跟着比手势。

04 逛市场

难易程度 ★　建议时间 15分钟

目标：提高宝宝的认知能力，促进语言智慧的发展。

1.和宝宝一起走路到市场，让宝宝闻闻气味、听听声音。

2.让宝宝抚摸市场上的东西。

3.指着市场上的各种东西，向宝宝说：“这是什么？”然后让宝宝闻一闻水果的味道，说：“嗯，嗯，好香喔!”

4.常常带宝宝到市场去，宝宝可能就会模仿妈妈说话。

05 蛋娃娃

难易程度 ★　建议时间 5分钟

目标：帮助宝宝认识更多的新事物。

1.在鸡蛋上钻个洞，把蛋黄倒空，请小心别让蛋的形状破掉。

2.在蛋壳上画出人或动物的脸。

3.做两个，使之成为一对。

4.把它当作礼物送给宝宝，并且告诉宝宝因蛋娃娃容易破掉，要小心喔。

5.让宝宝用指甲在蛋壳上“叩叩”敲敲看。

06 丰富的语言

难易程度 ★★　建议时间 5～10分钟

目标：培养宝宝对语言的感觉。

1.一边欣赏外面的景色，一边对宝宝说：“春天的早晨好温暖喔！”“哇!小鸟在吱吱喳喳地唱歌耶!”

2.一边做菜，一边对宝宝说：“放很多料就会变得很好吃喔!”“哇!汤咕嘟咕嘟地滚了耶！”“真的好好吃喔!”

3.一边念故事书，一边对宝宝夸张地说："企鹅走路晃来晃去，脚丫子也不会着凉喔!"

07 闪烁的星星

难易程度 ★　　建议时间 5分钟

目标：培养宝宝形成语言的节奏。

1.让宝宝脸朝你坐在膝盖上。如果你坐在地上，这个姿势最合适。

2.握住宝宝的手，唱《闪亮的小星星》。

3.每句歌词的最后一个字都要声音稍大，并同时拍拍宝宝的小手。

一闪一闪小星星，(拍手)
好想知道你的秘密!(拍手)
高高挂在天空上，(拍手)
就像钻石放光明。(拍手)
一闪一闪小星星，(拍手)
好想知道你的秘密!(拍手)

08 感受音乐

难易程度 ★　　建议时间 5分钟

目标：把感觉唱出来有助于宝宝进一步理解语言和情感表达。

1.用《雅克兄弟》的曲调唱下面的歌：

早教指导

◆培养孩子的"创作欲望"◆

周岁的孩子开始有了主动性，可以自己动手进行一些操作，这时可以和婴儿玩多种动手游戏，以训练婴儿手的灵活性和准确性。

同时可继续鼓励婴儿自己拿笔涂鸦，此时可先教婴儿学会拿笔，同时教他学会涂抹，使婴儿能够自己主动地画出笔划。这个年龄段的婴儿主要是随便乱画，不要生硬地指示他，而是鼓励他画出一些笔划即可，还可以跟他说这些像什么。此时并不要求婴儿画出什么，主要是培养婴儿运用笔的能力，培养他们的"创作欲望"。

你开心吗？你快乐吗？我开心，我快乐，

开心，开心，开心，快乐，快乐，快乐，

笑，笑，笑，笑，笑，笑。

(脸上露出开心的微笑。)

你滑稽吗？好笑吗？……

(继续唱，做个鬼脸。)

你疯狂吗？你疯狂吗？……

(继续唱，脸上露出疯狂的表情。)

你难过吗？你难过吗？……

(继续唱，脸上露出难过的表情。)

2.玩游戏时可以伴以一定的动作，如跳、跑、大步走。

益智拓展

教唱儿歌，既提高了孩子的语言能力，增强了韵律感、记忆力，同时也激发了宝宝的学习兴趣。也可以让孩子多听英语童谣，在娱乐中锻炼语感。

09 学语

难易程度 ★★　建议时间 5～10分钟

目标：训练宝宝正确发音，提高语言智能。

建议：把宝宝的咿呀学语录下来，日后你听了都会很兴奋。

1.宝宝发出的第一个音很可能是p、m、b、d。

2.如果你做出反应，宝宝就会一遍一遍地重复发音。

3.模仿并重复宝宝的发音。

4.用宝宝发出的音唱歌。

5.你用高音调和宝宝说话时，宝宝会更用心地听。

10 模仿动物叫

难易程度 ★★　　建议时间 5分钟

目标：让宝宝记住不同动物发出的叫声，用声音表达出来，练习宝宝的发音，提高语言智能。

1.准备几种动物的玩具或图片，如小狗、小猫、小鸡、小羊等。

2.给宝宝看小狗的图片或玩具，告诉宝宝："这是小狗，它会汪汪叫"，同时妈妈学会小狗的叫声给宝宝听。

3.分别教宝宝认识其他几种动物，并且告诉宝宝小猫"喵喵喵"小羊"咩咩咩"。

益智拓展

此类游戏，妈妈也可以倒过来教宝宝玩。妈妈学某种动物叫，让宝宝从中找出与妈妈学的叫声对应的动物图卡或玩具。如果能够将实物和图片同时呈现在宝宝面前，那么讲会加深宝宝的记忆，使宝宝玩的更加开心。

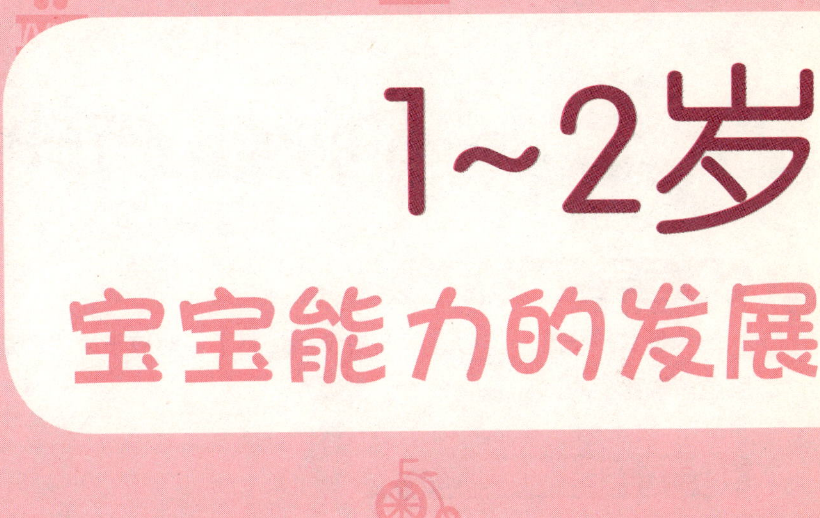

1~2岁 宝宝能力的发展

PART 2

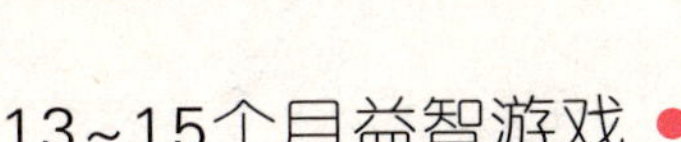
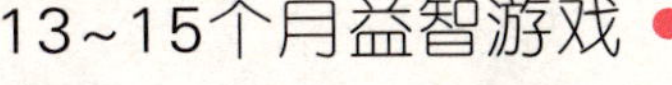

13~15个月益智游戏

13~15个月宝宝智力与训练

宝宝的动作发展

大多数孩子在一岁时，就开始学习走路了。对孩子来说，最初的良好行走体验是非常重要的。

宝宝的情感交流

宝宝的自我意识在逐渐增强，只有通过对周围环境积极探索，广泛地、多方面地接触和认识事物，同时，也让自己运用物体的技能得到锻炼，才能向下一个阶段发展。

很多一岁以后的宝宝还很认生，家长应多创造机会让宝宝与生人接触，包括与小朋友交流。

宝宝的语言发展

1~3岁左右，是发展口语的全盛时期，是语言学习的最佳时机。宝宝的咿呀学语纯粹只是一种模仿，这种模仿的意义是在为真正的说话做必要的准备。父母应尽量用亲切慈祥的语调多与宝宝讲话，给宝宝的大脑中多存贮一些语言的信息，一旦宝宝开口讲话，这些信息就会源源不断地被提取出来。

宝宝的记忆力发展

记忆力是智力的一个组成部分，开发记忆力的方法很多，家长一定要有耐心。

早教指导

◆用玩具发展语言和认识能力◆

随着孩子的渐渐长大，玩的花样也多起来，大人可利用一些形象玩具(如玩具娃娃)、各种生活用品玩具、各种动物玩具等，通过游戏的形式让小儿学习语言，认识外界事物，发展他的形象思维能力、观察能力和记忆力。

在玩的时候，大人要边玩边讲，教小儿学会理解事物之间的关系，并教会他与大人合作。玩完后和大人一起把玩具收拾好，这样既锻炼了小儿的动手能力，又培养了小儿的社会适应能力，并从小养成良好的习惯。

13～15个月动脑游戏

01 区别大小

难易程度 ★ 建议时间 5分钟

目标：帮助宝宝分辨大小，认知事物的不同。

1.拿皮球和乒乓球给宝宝玩一会儿，然后把它们放在一起。

2.比一比，告诉宝宝哪个大，哪个小。

3.然后问宝宝："哪个大？指给妈妈看。"

4.如果宝宝指对了，就要表扬他；如果错了，没关系，再教宝宝认一次。

02 听响声

难易程度 ★★　　建议时间 10分钟

目标： 锻炼宝宝听觉，满足孩子爱敲击的欢闹情绪，有助于大脑细胞的发育。

1.孩子双手对敲积木，或是用筷子敲击能发出响声的物件，可以给孩子购买小鼓、小锣、小钹等能打击的玩具，让孩子尽兴敲击，逐渐教会孩子敲击出有节奏、清脆的声音来。

2.几样小打击乐器，随孩子高兴而挑选玩耍。

3.让孩子左、右手全用上。玩耍中大人要给予配合，有意敲出有节奏的鼓、锣、钹点来，让孩子感受。

03 听故事

难易程度 ★　　建议时间 5分钟

目标： 提高宝宝的语言听觉能力、倾听习惯以及语言符号识别能力。

1.拿一本图文并茂的书，大人与宝宝一起边看图，边讲述故事。

2.大人讲故事时一定要集中精力，不要因为其他事情而分心，从而形成宝宝良好的读书习惯。

04 巧装直尺

难易程度 ★★★　　建议时间 15分钟

目标： 培养宝宝的分析、判断能力，以及解决问题的能力。

1.备一只盛玩具的铁桶和一把尺子(要求尺的长度要大于铁桶的直径)，大人让孩子向桶里装玩具，当装到尺子时，如果横着装，孩子表现出无能为力，大人应教他竖着装，反复几次，孩子便记牢了。

2.然后再用长度大于铁桶口径的口琴，让孩子装，如能装进去，应给予表扬；如装不进去，仍继续教。

3.这样，不断变换物件，让孩子动脑筋。

05 玩多米诺骨牌

难易程度 ★★★　建议时间 15分钟

目标：提高宝宝的逻辑思维能力。

建议：孩子厌倦或注意力动摇时，可以变换更多的玩法。

1.大人教会孩子叠四层积木，并且选择大积木放在第一层，越向上越小，让孩子搭起四层来。

2.还可把军棋一排排立起来(间距要相当)，把最后面的一个推倒像多米诺骨牌一样按序倒下，趣味盎然。

06 取算盘珠

难易程度 ★★★　建议时间 15分钟

目标：发展宝宝的复合思维能力。

1.大人把拴线的3个算盘珠，放进瓶内(瓶口只能进出1个算盘珠)，让孩子从瓶内取出3个算盘珠。

2.这时的孩子往往想把3个一块取出来，所以抓住3根线一齐向外拉。

3.这时大人应告诉他为什么3个算盘珠一并取时取不出来。

4.可以演示竹竿如何进门，尺子如何从窄缝里拿出来。

07 学习翻页

难易程度 ★★　建议时间 10分钟

目标：提高宝宝手的灵活性，培养宝宝的认知和记忆能力。

1.拿一本有图的书同宝宝一起边看边讲故事，宝宝一面听一面看图认物。

2.大人要边讲边提问题，讲完一页要让宝宝动手去翻页。

3.虽然宝宝的手不太灵活，但经过多次练习，而且来回讲同一个故事，翻错了宝宝也知道要翻回来。

益智拓展

选择画面简单、色彩鲜艳的婴儿读物，最好里面有触摸面的。妈妈和宝宝坐在一起看书，告诉宝宝如何去翻书，一边翻一边给宝宝介绍书的内容，吸引宝宝的兴趣。

08 杯盖上放物

难易程度 ★★　　建议时间 10分钟

目标： 培养宝宝的逻辑思维能力。

1.杯子里放上孩子喜爱的玩具，然后让孩子拿出来，再装进去。

2.几次后，大人把杯盖盖上，让孩子在杯盖上放玩具，反复几次放不住，都滑下来了。

3.大人教孩子把杯盖翻过来盖在杯上，再放玩具就放得住了。

09 巧取玩具

难易程度 ★★　　建议时间 10分钟

目标： 培养宝宝的观察和思考能力。

1.让孩子看见，在他伸手够不着的有把手的杯子里，放着他喜欢玩的、吃的东西。

2.大人把一根绳穿过杯的把手空间，绳子两端都摆在孩子面前，孩子开始可能拽其中一根，当然失败。

3.大人应教他两根绳头必须一齐拽杯子才能拉过来。

10 玩套环学数数

难易程度 ★★　　建议时间 10分钟

目标： 提高宝宝的数学智能和运动能力。

建议： 家长也可以让宝宝把环套在自己的手指上去练习。说明宝宝喜欢来回地练习，也会模仿大人数数。

1.利用玩具套环或在家中搜集一些固定瓶口的塑料环让宝宝套在大人的手指上。

2.开始时，大人可帮助宝宝套入，套上一个就马上赞扬。

3.并伸出食指说“一个”，再套进第二个又伸出中指说：“两个”，再套进第三个伸出无名指说“三个”……

11 踩日光

难易程度 ★★　　建议时间 10分钟

目标：提高宝宝的运动能力。

建议：追逐光点时注意安全，别摔倒。

1.把从门窗穿射进来的阳光用小镜子反射到地上，孩子看后很有新鲜感。

2.大人移动，让孩子追逐去踩，他会很感兴趣，追踩一会后歇息一阵。

3.这时，大人把光打在墙上让孩子寻找，并用手指，同时让他说出："这儿呢"，"那儿呢"。或简言"这""那"。

12 面粉涂鸦板

难易程度 ★★★　　建议时间 15分钟

目标：开发孩子的想象力，为宝宝带来不一样的乐趣。

1.在盘子上均匀地撒上面粉。

2.让孩子用手指头在上面画画看。

3.如果孩子想再画别的东西时，把面粉抹平，即可以再画。

4.由于面粉会乱飞扬，所以不要让孩子用嘴吹。

5.不用的时候，要用布或是毛巾盖起来。

早教指导

◆电视与儿童智力的开发◆

儿童期80%的知识是从视觉中获得的。电视是儿童智力开发的良好媒介，它是适合儿童特点的文化形态，有利于开发儿童智力。电视开阔了儿童的眼界，为儿童打开了认识世界的窗口，提高了儿童的认识能力。

电视能促进儿童的语言学习，丰富儿童的词汇量。当然，电视也可能带来一些消极影响。所以，家长要科学地对待电视教育，充分利用电视教育的积极面来教育儿童，这样，才能使儿童充分吸收"营养"，开发儿童的智力。

13 套圈圈

难易程度 ★★★　建议时间 15分钟

目标：提升孩子的调节和测量的能力，锻炼宝宝手臂肌肉的力量。

1.将用完的胶带卷，利用彩色胶带装饰，做成套环。

2.将滚筒卫生纸的纸卷塞进箱子里固定住，做成标的物。

3.让孩子往中间的柱子投掷套环，玩“套圈圈”的游戏。

14 布置餐桌

难易程度 ★★　建议时间 10分钟

目标：教导孩子要有责任感，培养宝宝的数字概念。

1.刚开始先让孩子摆几把汤匙就好。

2.等孩子再大一点时，可以让他摆跟人数相当的汤匙。这样孩子就会先去数人数，再数汤匙的数量。

3.因为对汤匙放置的位置有把握了，应该会放在正确的地方。

4.也让孩子试试放筷子。由于筷子必须要找出是一对的，因此孩子会为了测量长短，用手将筷子整理好，以便测量长短。

15 学跳舞

难易程度 ★　建议时间 5分钟

目标：平衡宝宝身体，促进身体各部位的协调能力，并培养其对音乐的节奏感。

1.播放华尔兹的音乐，然后和孩子开心地跳舞。

2.抓着孩子的手，跟着音乐在房间里绕圈。

3.还不会走路的孩子请用抱的方式来跳舞。

4.营造如电影舞蹈场面的气氛。

早教指导

◆不要给宝宝过分地关注◆

给予孩子所需要的注意固然应该，但也不要因孩子遇到了不愉快的事情就过分地关注，这样反而会使孩子更离不开妈妈，还会使原本的一些好行为习性退步。

婴幼儿的情绪变化很快，要给孩子一点时间恢复情绪，孩子的过度要求也会自然消失的。

16 骑着枕头转啊转

难易程度 ★★ 建议时间 10分钟

目标：促进宝宝骨骼生长，令肌肉结实，增强腿部力量，使心脏跳动有力，加强呼吸系统和消化系统的功能。

1.让孩子把枕头当马一样骑着玩。

2.一边喊着："冲啊!"一边向前跑。

3.爸妈分别骑着一个枕头，和孩子一起跑。

4.可以玩抓人的游戏，或是比赛看谁跑得快。

17 连连看

难易程度 ★★ 建议时间 10分钟

目标：提升宝宝的视觉记忆能力，为发展宝宝视觉图像认知做准备。

1.将图画纸分成两半，中间画线隔开。

2.在两边分别画出相同的图案。

3.引导孩子将相同的图案用蜡笔连起来。

18 听收音机

难易程度 ★ 建议时间 5分钟

目标：提高宝宝的听觉记忆能力，并培养其好奇心。

1.收音机会发出许多不同的声音，如古典乐、爵士乐、歌谣、广告等，就连搜寻频道时都会发出"兹兹兹"的声音。

2.让孩子听听收音机中发出的各种声音。

3.试着让孩子的耳朵贴着收音机的喇叭听听看。

19 用纸杯来抓球

难易程度 ★★★ 建议时间 15分钟

目标： 培养宝宝的手眼协调能力。

1.用手抓着倒扣的纸杯，然后玩扣球的游戏。

2.爸爸将球轻轻地滚到孩子的面前。

3.孩子每次抓到球，都要说："做得好!"来鼓励他。

4.为了要用纸杯扣住滚动的球，会需要精准的调节能力。

20 摘苹果

难易程度 ★★★ 建议时间 15分钟

目标： 提高宝宝的综合能力。

建议： 和孩子一起前往果园或农场，体验秋季散步的乐趣。

1.到了秋天，苹果树就会结许多果子。

2.体验直接摘苹果、梨和葡萄的乐趣。

3.也一起观察看看果树的叶子和枝干。

4.和孩子一起吃现摘的水果，一定比在家里吃的更加甜美!

13~15个月运动游戏

01 步调一致

难易程度 ★★ 建议时间 10分钟

目标： 锻炼宝宝双手、双腿动作的协调性、随意性和灵活性。

1.爸爸双脚稍分开站立，宝宝面对爸爸，双脚踩在爸爸的脚背上，双手抱着爸爸的腿。

2.爸爸往前走，宝宝随之向后退，爸爸向后退，宝宝随之向前。

3.也可以双手拉着爸爸的双手，双脚踩在爸爸的脚背上，身体向后仰，宝宝随着爸爸走，爸爸转圈，宝宝也跟着转圈。

02 我我小司机

难易程度 ★★★　建议时间 15分钟

目标： 锻炼宝宝身体的协调性，让宝宝学习走路，初步接触红绿灯的概念。

1.爸爸出示一个塑料圈对宝宝说：“宝宝，今天我们一起当司机开汽车好吗？”。

2.爸爸握住塑料圈的一端，让宝宝握住另一端。

3.妈妈出示“绿灯”，爸爸边握着塑料圈向后退，嘴里边有节奏地念儿歌：“嘀嘀嘀，今天我当小司机，看见红灯停一停，看见绿灯往前行。”宝宝握着塑料圈的另一端顺着爸爸的方向往前行走。

益智拓展

通过此游戏，让宝宝学习开步行走的技能，同时增强宝宝下肢肌肉的力量，为宝宝独立行走做准备。同时还能让宝宝获得初步的交通知识。

03 串珠套环

难易程度 ★★★　建议时间 15分钟

目标： 锻炼宝宝的小肌肉群，让宝宝了解物体的属性。

1.给宝宝一些木珠或圆环，一根稍硬的尼龙绳或一根小棍(筷子)，让宝宝把珠子和圆环一起串(或套)起来。

2.给孩子一堆小塑料环或金属环(挂窗帘用的也可以)，让幼儿把圆环一个个套在木棍(或小筷子)上。

04 撕撕看

难易程度 ★★★　建议时间 15分钟

目标： 锻炼宝宝大拇指和其他手指协调配合，促进手的精细动作进一步发展。

1.将广告纸放在孩子耳边，然后撕撕看。

2.撕完之后，将它撒向空中。

3.也让孩子开心地试试撕纸游戏。

05 跟着爸爸摇晃

难易程度 ★★　建议时间 10分钟

目标：锻炼宝宝双手、双腿动作的协调性、随意性和灵活性。

1.和孩子面对面，然后抓住孩子的手。

2.让孩子的脚踩在爸爸的脚背上。

3.爸爸走动的时候，孩子也跟着走动。

4.一步一步慢慢地踩着，在房间里绕圈圈。

5.跟着“左脚，右脚”的口令，大步大步地走。

益智拓展

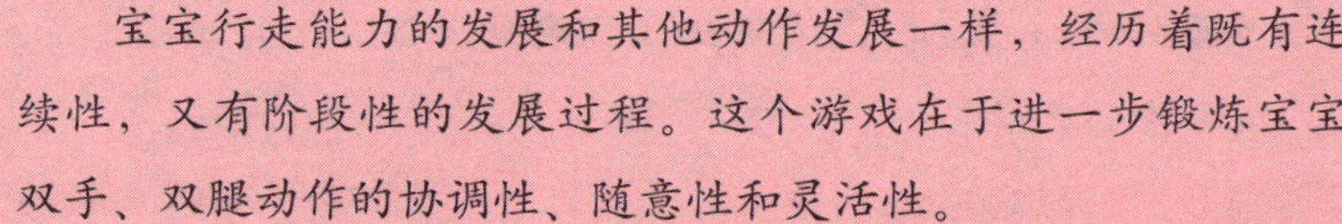

宝宝行走能力的发展和其他动作发展一样，经历着既有连续性，又有阶段性的发展过程。这个游戏在于进一步锻炼宝宝双手、双腿动作的协调性、随意性和灵活性。

06 一起伸懒腰

难易程度 ★　建议时间 5分钟

目标：提高宝宝的运动能力。

建议：如果能在孩子刚睡醒时做这个游戏，效果会更加显著。

1.妈妈先伸伸懒腰，然后引导孩子跟着一起做。

2.刚开始时，先将一边的手臂向上伸直。

3.接着，将两手手指交叉相握，然后将手向上伸直。

4.身体向左右扭啊扭。

07 脚底按摩

难易程度 ★　建议时间 5分钟

目标：刺激宝宝脚的感觉神经，让宝宝头脑更加发达，同时也能促进身体健康。

早教指导

◆引导孩子的感受◆

如果孩子正在玩拼板玩具，可总是做不好，一气之下把玩具扔得满地都是，并要父母陪他。这时父母不仅要陪孩子，而且一定要让孩子讲出自己内心的焦躁和沮丧，这样孩子就会学会表达不如意时心情的方法，可以因减轻内心的压力而得到自信，慢慢就不会总依赖父母了。

1.洗过脚或洗完澡之后，开始做脚底按摩。

2.先用手让孩子全身放松，一定要一抓一放地按摩才可以。

3.涂上婴儿油之后，用拇指缓慢地压脚底板。

4.慢慢地、使劲地压。

5.按摩完之后，让孩子喝一杯温水或温牛奶。

08 运东西

难易程度 ★★★　　建议时间 15分钟

目标：训练宝宝的空间知觉和运动能力。

1.给宝宝准备一辆小拖车，妈妈与宝宝一起玩“运东西”的游戏。

2.妈妈让宝宝把一件玩具放在拖车里运到外面，放在某地，回来再运下一件玩具。

3.待运过几件后，妈妈与宝宝一起到外面玩这些玩具，玩完后再一件一件运回来，摆到玩具架上。

09 贴贴纸

难易程度 ★★　　建议时间 10分钟

目标：锻炼宝宝的手眼协调能力。

1.撕下贴纸，然后让孩子贴自己想贴的地方。

早教指导

◆怎样对待宝宝的自我意识◆

对待宝宝的自我意识，父母应学会说“不”，同时应注意以下几点：

(1)解释原因。

(2)父母的意见要一致。

(3)坚持到底。

(4)不能讲条件。

(5)可给宝宝其他选择的机会。

(6)不能总说“不”。

2.只有在孩子想贴到不能贴的地方，才告诉他不要贴及其原因。

3.孩子看到贴纸，应该会贴在自己常常想看的地方。

10 使用棍子

难易程度 ★★ 建议时间 10分钟

目标：训练宝宝解决简单问题的能力。

1.在与宝宝玩球时故意把球滚到宝宝能看到，但拿不到的地方。

2.这时大人拿一根棍子，慢慢地把球拨出来。

3.宝宝看到大人拨出玩具也要自己试试，他会用棍子碰到玩具，但只会将东西推得更远。

4.大人示范让宝宝把棍子伸到比玩具更远的地方，向自己的方向使劲把玩具拨过来。

11 爬岗钻洞

难易程度 ★ 建议时间 5~10分钟

目标：锻炼宝宝的控制能力，自如地掌握爬行的方向，增加其前臂和腿部肌肉的力度。

1.大人和孩子一起爬，孩子一定很感兴趣。

2.爬行片刻后，大人指导孩子从大人肚子下面、胳膊间爬过去。

3.然后再让孩子从大人弯曲的腿肚子上面爬过去。

4.大人念着儿歌：爬岗岗，钻洞洞，一钻钻出个大豆虫。

12 爬向玩具

难易程度 ★　建议时间 5分钟

目标： 锻炼宝宝的爬行能力，促进大脑发育。

建议： 这个游戏是在宝宝爬的时候玩的。如果宝宝已经会走路了，将玩具放在一个高一点的地方，这样宝宝就要探起身去拿。

1.在屋子一头放一个宝宝喜欢的玩具。

2.你趴在地板上爬向玩具，当你够到玩具时，拿起来并假扮玩具说话："来呀，(宝宝的名字)，你能过来拿到我吗？"

3.鼓励宝宝爬向玩具。

13 推东西

难易程度 ★　建议时间 5～10分钟

目标： 培养宝宝的自信心及身体的协调性。

1.为宝宝选择几种轻巧的东西供其推动，例如毛绒动物或其他小型玩具。

2.说"一、二、三，推！"然后推动其中的一个玩具。

3.重复数数并鼓励宝宝推东西。

益智拓展

此类游戏不仅能锻炼宝宝下肢肌肉力量，还能帮助宝宝迈步行走，培养其探索能力。婴幼儿喜欢推东西，推东西游戏能让宝宝感到自己强健有力，他们以观察运动和知道自己能使物体移动为乐。家长要小心宝宝跌倒，但也不可过分保护，否则宝宝无法充分地探索自己的体能，尝试新的事物。

14 追小狗

难易程度 ★　　建议时间 5~10分钟

目标：增强宝宝腿部的力量，为行走做好准备。

1.大人拉着玩具小狗或小车、小鸭(要有拉绳)让孩子追，大人边拉边说：追呀，追呀，追小狗。

2.当孩子追上后停下脚蹲下要抓时，大人再拉走几步，孩子只好站起身再追，反复几次后，让孩子追上。

3.还可换过来，孩子拉，大人追，孩子会欢呼雀跃。

15 穿圈圈

难易程度 ★★　　建议时间 10分钟

目标：培养孩子耐心和注意力集中，锻炼手指小肌肉群，增强其灵活性，促进手眼动作协调。

1.开始，把旧自行车里带剪成一圈一圈的，让孩子用线穿起来。

2.穿熟后再穿孔小点的类似算盘珠之类的东西。

3.最后，剪些图形硬纸片，中间扎小孔，让孩子穿。

4.穿好后，把绳的一端固定在一个地方拴好，绳的另一端让孩子攥好，绕圈圈悠一悠，玩一玩。可多次重复。

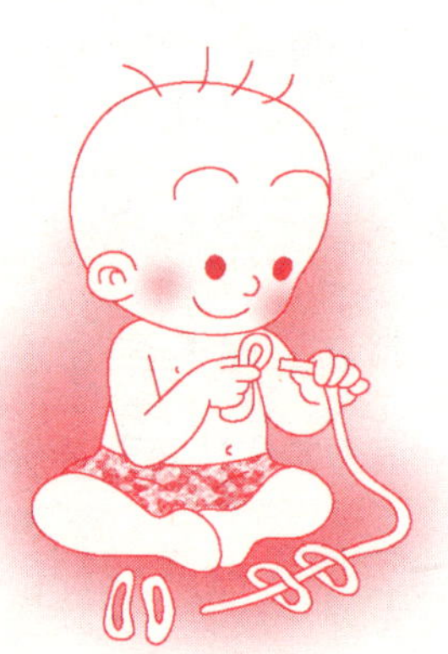

13~15个月语言游戏

01 图画和文字

难易程度 ★★　　建议时间 10分钟

目标：提高宝宝的语言智能。

1.将图画下方的文字拿一个下来。

2.把文字标签拿给孩子，让孩子试看贴在图画的下面。例如把写着“苹果”的文字标拿给孩子，孩子应该会将它贴在苹果图案的下面。

3.待这个游戏玩熟练之后，可将所有的文字标签都取下，然后给孩子其中一个，让他自己试着贴在正确位置上。

02 故意说错话

难易程度 ★　建议时间 5分钟

目标：提升宝宝语言智能，增加其语言理解能力。

1.妈妈和宝宝面对面坐下，指着膝盖问宝宝：“这是我的鼻子吗？”

2.妈妈指着自己的眼睛问宝宝：“这是我的耳朵吗？”

3.如果宝宝发现妈妈指错了，妈妈要表扬宝宝；如果宝宝没发现，可以加以指导。

益智拓展

此游戏要在宝宝认识人的身体各部位名称的前提下进行。经常与宝宝玩这个游戏可以培养宝宝的语言纠错能力。游戏过程中，可以让宝宝摸摸妈妈的眼睛、鼻子等，以增强刺激。

03 扮鸭子

难易程度 ★　建议时间 5分钟

目标：训练宝宝练习念简短的儿歌，促进语言的发展，从而提高宝宝的语言能力。

1.在宝宝吃饱过一段时间之后，帮助宝宝先热热身，伸伸胳膊，蹬蹬腿，扭扭腰。

2.父母做小鸭爸爸或妈妈，戴上鸭子头饰，让宝宝当小鸭。鸭妈妈领着小鸭

早教指导

◆怎样教1~2岁的孩子学外语◆

每个孩子说话的程度和水准有很大的差异。美国的研究人员发现：二岁幼儿在说单词方面差异很大，最少是5个，最多可达1200个。幼儿说单词的多少，最重要的一个原因是父母教的多少。这一时期父母可根据幼儿自身特点，采取灵活多样的方法。主要有：

(1)买一本英语配图词汇书，从浅、易开始教孩子学习。

(2)通过回答孩子提问的方法教孩子学英语。孩子会对看到的各种感兴趣的事物发问，父母须用中英文两种语言一一回答。

(3)用直观法教孩子。在日常中看到孩子感兴趣的事物就用英语说出该事物的名称。

(4)随时随地教给孩子各种事物的英文说法。

(5)教孩子几首简单明快的英语歌曲。

(6)教孩子简单的对话，逐渐提高孩子的对话能力。

(7)通过收听、收视幼儿英语节目，激发孩子的学习兴趣。

应该强调的是，应用好的方法引发孩子学英语的兴趣，不能强迫孩子。孩子情绪高的时候就教他，孩子没兴趣时就不要逼迫。

边找东西边走，并发出“嘎嘎嘎……”的叫声，头一摇一摆，模仿小鸭吃食的样子，可以随口念儿歌：“嘎嘎嘎，我是小小鸭。”让宝宝跟着模仿。

3.玩过几遍后，让宝宝尝试做鸭妈妈，父母在适当的时候给宝宝以提示或帮助，让宝宝体验扮演不同角色的快乐。

04 跟着妈妈做

难易程度 ★　　建议时间 5分钟

目标：锻炼宝宝手口一致的动作能力，提高大脑反应水平。

1.妈妈一边说，一边做动作给宝宝看，然后让宝宝也跟着学。

2.例如妈妈先说：“小宝宝，拍拍手。”边说边拍手，然后抓起孩子小手，教他拍手。

3.接着换另一个动作：“小宝宝，摸摸头！”妈妈边说边摸头，也拿孩子的手摸头。

4.以此类推，妈妈可以再跟他玩。

05 学说“不”和“是”

难易程度 ★ 建议时间 5分钟

目标：让宝宝学习如何表达自己的意愿，提升其语言智能。

1.当孩子用“啊”、“噎”这些象声词要东西或者让别人干什么时，应该在满足他的要求时，对“对”与“不对”说“是”或“不”。

2.如孩子说：啊——手指苹果，意思他想要，大人可拿给他，并让他说：“是”还是“不是”。

3.又如孩子着急要水喝，他又发出“啊，啊”的声音，大人一定要他说“是”或“不”(大人递给他水后)，让他初步掌握用肯定或否定来表达他的意愿。

06 唱歌

难易程度 ★ 建议时间 5分钟

目标：加强宝宝的语言技能。

1.用一种唱歌的语调说话；注意说话声调的上下起伏和抑扬顿挫。

2.用“啦啦啦”哼唱《绕着玫瑰做游戏)就是唱歌的语调。

3.将“让我们一起玩积木”或者“我要来胳肢你”这些话语唱出来。

4.和宝宝坐在地板上，将一两个毛绒动物放在你的膝盖上，用唱歌的语调对着玩具说话，然后把玩具给宝宝。

5.如果孩子跟着你学，你很快会发现宝宝自己一个人的时候也在玩这个游戏。

16~18个月益智游戏

16~18个月宝宝智力与训练

宝宝的动作发展

父母在训练孩子时应有耐心，因为孩子年龄小，学习一项技能需要反复进行，父母一定要注意调动孩子的积极性，让孩子在玩耍中增长本领。

宝宝的记忆力发展

这个时期，家长可以利用卡片教宝宝认数字和汉字，认照片中的亲人，还可以在洗澡时教宝宝学数学。在孩子愉快的时候，通过游戏的方式开发他的记忆能力是非常有效的。

宝宝的语言发展

幼儿会说的话虽然不多，但是他能理解的话却多出了好几倍，学习的速度也极快。所以，与孩子相处时，千万不可认为“反正他不懂，说了也没用”的想法，应该不厌其烦地找一些容易理解的话，回答他所有的问题。

孩子刚学说话时，发音一般都不是很准确，成人不要有意去逗他，或故意学他错误的发音，而应该及时纠正孩子错误的发音，耐心地教他发比较困难而准确的音。

宝宝学知识

这个时期，可以让宝宝学知识了，如给宝宝教一些与生活有关的词语，或者简单的英语，也可教他阅读、边唱边画等。

宝宝的性格发展

给予宝宝足够的爱抚，使宝宝感到舒适。当宝宝进行危险活动或提出不合理要求时，父母一定要说“不”。正确对待宝宝的自我意识，宝宝的性格才不会太任性或是太胆怯，这样的父母才能在宝宝的心中建立起威信。

早教指导

◆幼儿早期能认字吗◆

幼儿早期能否认字，历来是个有争议的问题。因为幼儿的发展是千差万别的，家长应根据自己孩子的实际情况，选择适宜的方法进行认字的活动。

如果孩子在家长的引导下，对识字表现出极大的兴趣，而且是在轻松愉快和各种各样的游戏中进行的，那么让孩子进行认字、阅读也未尝不可。

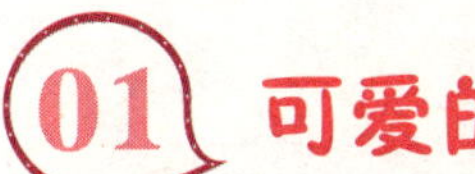

16～18个月动脑游戏

01 可爱的表情

难易程度 ★　　建议时间 5分钟

目标：提高宝宝自我认知能力和社会交往能力。

1.妈妈边说“笑一笑”，边做出笑脸，孩子会马上跟着做。

2.一边说“试试看做个可爱的表情”、“笑一个看看”、“皱皱眉头”，一边让孩子做出各种表情。

3.问问孩子：“哪种表情最漂亮呢？”

4.如果孩子回答笑脸最漂亮的话，不妨对孩子说：“对着镜子笑一个吧！”

早教指导

◆孩子是否具备识字能力◆

如果孩子已经能认清熟人的脸，并有一定的专注力，就说明孩子已经具备识字的基本条件了。孩子的识字只是一个视觉刺激的信号，和看一幅图画没有什么两样。结合孩子常吃的食品、喜欢的玩具、周围的亲人，以及日常物品等进行无意识的学习，对于孩子而言，并非难事。

02 对对看

难易程度 ★★★ 建议时间 15分钟

目标：锻炼宝宝的手眼协调能力。

1.准备厚纸箱的一面。

2.割出三角形、四边形、圆形，以及动物、花等造型的样子。

3.让孩子将割好的纸板再重新放回去。

4.也可以让孩子自己找出和纸板相同模样的图形来。

03 藏在哪个杯子里

难易程度 ★★★ 建议时间 15分钟

目标：锻炼和提高宝宝的视觉判断能力。

1.在桌子上倒扣3个透明玻璃杯。

2.在其中一个杯子里放红色的小球，然后在孩子面前变换杯子的位置。

3.问问孩子："红色球在哪个杯子里啊？"孩子看到球，就会马上说出在哪里。

4.称赞拿对杯子的孩子："好棒喔!"

5.接着可利用不透明的杯子玩藏球的游戏。

6.如果孩子因为看不见杯子里面而一直猜错的话，便会失去兴趣，所以，这时可以把装有球的杯子稍微靠近孩子，或用贴纸之类的东西标示。

04 猜猜看

难易程度 ★★ 建议时间 10分钟

目标：帮助宝宝锻炼和提高视觉判断能力。

1.盖住图画，白纸渐渐往下移，使之露出部分画面，请孩子猜猜是什么。

2.每多看到一点画，孩子便会期待到底是什么图案；妈妈可同时制造一些音效。

3.露出大部分画面，让孩子说出相似东西的名称。

05 观察白云

难易程度 ★★★ 建议时间 15分钟

目标：培养宝宝的观察力，丰富其想象力。

1.妈妈带宝宝一起到户外观察天上的白云，引导宝宝想象天上的白云像什么。如妈妈说："我觉得云像一只小猪，宝宝觉得云像什么？"

2.利用云形状的变化，妈妈可以与宝宝一起编故事，如："我看到一只山羊在跑！它跑到哪里了呢？"并引导宝宝接下去："跑到花园里了，遇见什么了呢？"

3.妈妈和宝宝一起看月亮和星星，告诉宝宝天上有一个月亮和许多星星，并引导宝宝说一说月亮、星星像什么，如"月亮像一个盘子，星星像一颗明珠"。

益智拓展

观察宝宝是否能流畅地思考，是否具有想象力，如果宝宝的想象力较弱，就应从充实宝宝的生活经验着手培养。除非宝宝的想象有了本质上的偏差，否则不建议父母用自己的思维来约束宝宝的想象力。

06 纸箱游戏

难易程度 ★★ 建议时间 10分钟

目标： 开发宝宝的智力，让宝宝理解眼睛看得到和看不到的相互关系。

1.给孩子一些纸箱，其中一面需开口，每个大小不一样的话更好。
2.将各种纸箱放在孩子面前，然后让孩子把纸箱一一戴在头上玩。
3.让孩子随意堆叠纸箱。
4.引导孩子把小纸箱放进大纸箱里。
5.把周围的东西放进纸箱，让孩子玩放进去又拿出来的游戏。

07 听听有何不同

难易程度 ★★ 建议时间 10分钟

目标： 训练宝宝听觉的灵敏性。

1.在像鞋盒一样带有盖子的纸盒里，放进一些小东西。
2.孩子可以拿着盒子一边玩一边摇摇看，再打开盖子看看。
3.盒子里所发出的声音可以刺激孩子的好奇心。
4.盒子里可替换成各种不同的物品，让孩子听听声音有何不同。

08 小石子滑溜溜

难易程度 ★★★ 建议时间 15分钟

目标： 锻炼宝宝手指的灵活性，使其动作更加精确。

1.在河边摸摸看带有青苔的小石子。
2.感觉小石子独特的滑溜感。
3.试着把小石子扔进河里，听听那“扑通”的声音。
4.带几颗小石子回去，放在孩子的房间。

益智拓展

这个时期的宝宝对什么事都很好奇，喜欢自己动手了。但是小手还缺乏准确性，捏光滑的球，可提高宝宝手指捏的精确度、力度及手眼协调运动的能力。

09 芝麻饼与画眼睛

难易程度 ★★　建议时间 10分钟

目标： 训练宝宝手的灵活性和控制能力。

1.妈妈在纸上画一个圆形，说：“这是芝麻饼。”

2.请宝宝在这个饼上画上芝麻，及时提醒宝宝不要把芝麻涂到饼的外面。

3.待宝宝会画之后，妈妈画一个倒下的“8”字作鱼，让宝宝在鱼的头部点上眼睛，要求宝宝在规定的地方画一个点。

10 模仿动物声音

难易程度 ★★　建议时间 10分钟

目标： 提高宝宝的认知和模仿能力。

1.发出小狗“汪汪”叫，小猫“喵喵”叫，小猪“哼哼”叫，小鸡“唧唧”叫的声音。

2.可配合动物图片和声音配对，模仿看看。

3.不发出声音的动物(如兔子、金鱼)也可让孩子自己创造看看，会呈现出有趣的情形喔!

11 介绍夜光贴纸

难易程度 ★　建议时间 5分钟

目标： 培养宝宝自己入睡的生活习惯。

1.在孩子房间的天花板上贴上动物形状的夜光贴纸；若有笑脸形状的动物贴纸更好。

2.把灯关掉，妈妈躺着介绍夜光贴纸。

3.妈妈说：“夜光熊宝宝，也会和我们一起睡吗？”同时观察孩子的反应。

4.这次和孩子一起对熊宝宝说话。

5.在关着灯、躺着的晚上，教孩子就寝时的用语。

6.教孩子，如“我们一起到梦乡旅行吧!”“你在那边睡，我在这边睡”等用语。

早教指导

◆在愉快中体会数字◆

通常孩子不会喜欢坐在书桌前读书，因此孩子很难自己找到读书的乐趣，特别是数字游戏会给孩子带来精神上的压力。所以请通过有趣的方式，让孩子在日常生活中体会数字吧！

12 跟着表情做

难易程度 ★　建议时间 5分钟

目标： 提高宝宝的表达能力。

1.孩子和妈妈一起看书，出现笑的表情时，可跟着做做看。

2.不一定是要人的表情，跟着动物主角笑的表情做做看也可以。

3.让孩子依自己的感觉自由表现。

4.这会使孩子的表情丰富，感情也变得丰富。

13 身体绘画

难易程度 ★★★　建议时间 15分钟

目标： 训练宝宝的手、眼协调能力。

1.在地上把报纸摊开。

2.在几个碗里，分别挤出不同颜色的水彩。

3.让孩子只穿内裤，然后在报纸上随意画画。

4.手掌、脚掌、手背、膝盖、肩膀等部位分别涂上水彩后，在报纸上抹抹看。

14 图画盖子对一对

难易程度 ★★★　建议时间 15分钟

目标： 帮助孩子了解事物的特征。

1.在彩色纸后面画好图案后剪下来。

2.将剪下的图贴到塑胶奶粉盒盖上，可多做几组。

3.利用剪刀把塑胶奶粉盒盖剪成一半。

4.剪成一半的图会变得较难区分、辨认。

5.让孩子看图找出正确的一半。

15 数数看

难易程度 ★★ 建议时间 10分钟

目标：让宝宝熟悉数字，促进其数学智能的发展。

1.妈妈在数算东西时，让孩子能听到"1、2、3……"的声音。

2.看故事书时，也让孩子数一数有几个故事人物。

3.让孩子数数看盘子的种类。

16 感觉纸灯罩

难易程度 ★ 建议时间 5分钟

目标：提升宝宝对物体色彩和事物外部轮廓的分辨力。

1.做一个和孩子头差不多大的小型纸灯罩，如利用玻璃纸和铁丝做一个六面体的灯罩，注意上面不能封住。

2.装上弱的白炽灯。随着玻璃纸颜色的不同，会有不同的光。

3.让孩子摸一下灯罩，感觉灯的温度和光的颜色。

4.把电灯放在孩子的房间，增加新鲜感。

17 踩同样的颜色

难易程度 ★★★ 建议时间 15分钟

目标：教宝宝认识不同的颜色。

1.在地上贴上多种颜色的色纸。

2.当妈妈说："红色"，孩子就踩在红色的纸上。

3.让孩子的双脚可以分别踩在靠近且颜色相同的色纸上。换几种颜色踩看看，孩子很快就能认识各种颜色。

益智拓展

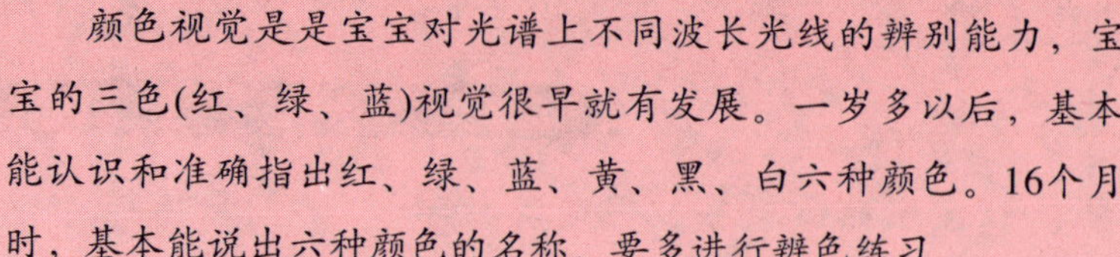

颜色视觉是是宝宝对光谱上不同波长光线的辨别能力，宝宝的三色(红、绿、蓝)视觉很早就有发展。一岁多以后，基本能认识和准确指出红、绿、蓝、黄、黑、白六种颜色。16个月时，基本能说出六种颜色的名称。要多进行辨色练习。

18 呼拉圈旅行

难易程度 ★★　建议时间 10分钟

目标： 锻炼宝宝听懂指令性语言，提高肢体协调能力。

1.让孩子试着滚动呼拉圈。

2.将呼拉圈“往前”、“往后”、“往左边”、“往右边”的方向滚滚看。

3.妈妈告诉孩子：“要往山上爬喽”、“过小河”、“有公交车来了，要闪到路边”、“前面有小朋友在走喔”等特殊情况，让孩子做出正确的应变，并调整呼拉圈的滚动方式。

19 循声找人

难易程度 ★★　建议时间 10分钟

目标： 训练宝宝辨别声音的方向，刺激宝宝的听觉。

1.大人藏好，呼唤孩子的名字，孩子闻声找来，如找见则很高兴。

2.如找不见，大人可再喊一声，或露一下再藏起来，再让孩子找。

3.大人还可帮孩子藏好，告诉他“喊一声爸爸，爸爸就能找你呀。”

4.然后大人走开。当孩子喊爸爸时，大人假装找呀找呀，一边找一边说：“小××藏哪儿呢？让我找不见。”

5.当一下找到孩子时，孩子也会非常惊喜快乐。

20 对照物品

难易程度 ★★ 建议时间 10分钟

目标：帮助宝宝调动自己的记忆储存，强化其记忆能力。

1.大人领孩子到商店去，先让他找出与家里相同的东西，特别应到卖玩具的柜台，让他找出他玩过的玩具。

2.并要求他说出每件玩具的名称。如说不全，大人可以提醒，回家后还可对照。

3.对于生活用品还可要求孩子说出买回家有什么用途。

16～18个月运动游戏

01 模仿运动

难易程度 ★★ 建议时间 10分钟

目标：让宝宝模仿简单的运动，提高身体灵活性。

1.告诉宝宝："现在妈妈要做各种运动，你也和妈妈一起做！"教他游戏的方法。

2.双手高举，并对他说"双手往上同举，万岁！"

3.手拍几下，并对他说："来，拍拍拍、拍拍拍。"然后再跟他说："来！跟着做。"让他模仿。

4.双手手掌迭在头顶，并说"哇！好热、好热哦！将手放在头上遮太阳。"让宝宝双手迭在头上。

5.妈妈的手一边做圆形运动，一边说："咕噜咕噜、咕噜咕噜，手画圆。这手画完，换另一只手。咕噜咕噜，咕噜咕噜！"让宝宝跟着你做圆形运动。

6.将球放在两人之间，互相踢球。踢过去之后，妈妈把脚抬高，或故意跌倒给宝宝看。

7.双手抱球，放在头上，让他一手扶着球，一手做圆形运动。

追影子

难易程度 ★★ 建议时间 10分钟

目标：锻炼宝宝行走的稳定性，促进视力的发展，丰富认知，培养反应能力，增加身体灵活性。

1.选择晴朗的天气，带宝宝到户外。妈妈先踩一踩宝宝的影子，然后说："呀，我踩到宝宝的胳膊了。"

2.妈妈忽快忽慢，让宝宝来追。

3.然后和宝宝互相踩影子，比一比看谁能不被对方踩到，踩到后可以大叫："我踩到你的胳膊了！我踩到你的腿了！"

益智拓展

训练时，提醒宝宝不要跑得过快，以免摔倒，并注意周围的环境，如过往车辆是否多、地面是否平整等，以保证安全。另外，可以通过训练培养宝宝的观察能力，如一盏路灯下是一个影子，让宝宝观察几盏路灯下，影子还是一个吗?

随着音乐起舞

难易程度 ★★★ 建议时间 15分钟

目标：促进宝宝大运动能力的综合发展以及反应能力，提高动作的连续性和准确性。

1.幼儿听到悦耳的音乐，不需别人教他，便会跟着音乐的节奏摆动身体。

2.因为舒适的音乐能让人放松心情，不知不觉间身体便随着音乐起舞。

3.这时候，妈妈可以陪幼儿一起跳，先配合音乐摇摆身体，然后跟他跳一些电视上学来的或自己发明的即兴舞。

早教指导

◆孩子光脚行走益处大◆

专家们认为，踝关节的柔软性对人体健康是至关重要的。为了提高其柔软性和灵活性，防止幼儿扁平足的发生，光脚行走是一项十分有效的措施，如果踝关节较僵硬，运动时就容易跌倒或受伤，且不利于足弓的形成。光脚行走可调节人体的许多功能，如增强大脑的灵活性，除改善大脑皮层对刺激的反应外，脚部周围皮层有着丰富的毛细血管和神经末梢，光脚行走可使脚底肌肉受到摩擦，改善血液循环和新陈代谢，增强人体对外界环境的适应能力。

04 下楼梯

难易程度 ★★ 建议时间 10分钟

目标：锻炼宝宝爬楼梯的能力，加强腿部力量，提高整体运动能力。

1.让孩子抓着扶手一步一步慢慢地下楼梯。

2.如果他害怕，可以从他敢走的高度开始学习，同时训练他如何平衡全身。

05 追泡泡学跑步

难易程度 ★★ 建议时间 10分钟

目标：锻炼宝宝动作的协调性和灵活的应变能力，让他保持浓厚的兴趣和愉快的情绪。

1.大人吹泡泡，宝宝看到泡泡飞，会跑去追，这时大人可以让宝宝学习新的词“飞”和“追”。

2.当泡泡破了时，教宝宝说“破了”。

3.在玩的过程中大人会提醒宝宝：“慢慢跑”和“快点跟上”。

4.如果宝宝摔倒了，让他自己起来，继续游戏。

5.也可以让宝宝吹泡泡，吹出来后，再去追。

06 捡瓶盖

难易程度 ★ 建议时间 5分钟

目标：提高宝宝精细动作的能力，并丰富宝宝的触觉。

1.将几个瓶盖和大扣子混放于一个盒子内，打开盒盖，让宝宝把瓶盖捡到盒盖上，把两种东西分开。

2.大人先替宝宝做一次示范，看看宝宝能否逐个把瓶盖捡出来。

3.瓶盖不宜放得太多，先放3个，能捡齐就要表扬"宝宝真能干，能捡干净"，以后逐渐增加，但不超过10个。

4.宝宝捡一个，大人数一个，捡清后要让宝宝再仔细看"还有没有"，以养成做事彻底，一个不漏的习惯。

07 采蘑菇

难易程度 ★★　建议时间 10分钟

目标：训练宝宝走和蹲的动作，提升宝宝的肢体协调能力。

1.爸爸妈妈准备一个小提篮、一只玩具兔子，一些彩色硬纸剪成的蘑菇，并将蘑菇散落在地上。

2.取出玩具小兔，说："小兔子饿了，宝宝给采一些蘑菇。"

3.让宝宝提着篮子拾蘑菇，再走回父母身边来。

08 踢足球

难易程度 ★★★　建议时间 15分钟

目标：训练宝宝的下肢力量和肢体平衡能力。

1.孩子玩球时，可把两个小板凳相距1米左右摆开，当作球门；让孩子在距板凳1～2米处，先用手滚，把球滚进"球门"。还可用脚射门，手脚相间进行。

2.以后逐渐拉远距离射门。或是缩小球门间隔距离。

3.为了保持孩子玩球的兴趣，可多变换玩法，还可大人和孩子一起比着玩。

09 吹吸管

难易程度 ★★　建议时间 10分钟

目标：增强宝宝的肺活量，提高宝宝的逻辑思维能力和观察能力。

1.在杯子里装水后，让孩子用吸管吹吹看。

早教指导

◆如何发掘宝宝潜能◆

提高宝宝智力，发掘宝宝潜能是每对父母的愿望。父母可以从以下几个方面进行：

1.注意力：培养自己宝宝的注意力，因为注意力稳定、持续的宝宝，掌握知识的速度也就更快，而且记得非常牢固；

2.观察力：父母要训练宝宝的观察力，需要从基本的感知能力培养入手；

3.思维力：0～3岁的宝宝，直观动作思维占主导地位，家长可以重点培养直观动作思维。

2.把吸管放在水里吹气，就会随着水的不同深度而发出不同声音。

3.倒入果汁或牛奶后吹吹看。

4.泡泡会“啵啵”地上来，很有趣喔！

10 投沙包

难易程度 ★　建议时间 5分钟

目标：培养宝宝肢体协调能力。

1.准备一个沙包和一个轻巧的容器。

2.妈妈和宝宝面对面站好，相距几步就可以了。妈妈把沙包投向宝宝，让宝宝拿着容器去接。

3.和宝宝进行比赛，宝宝扔沙包，妈妈接，以谁接得多为胜。

11 拉东西

难易程度 ★　建议时间 5分钟

目标：轻巧的或有轮子的玩具都很适合这个游戏，拖拉玩具能给予孩子新鲜的刺激。

1.在玩具上绑一条适当长度的绳子。

2.妈妈引导孩子的手去抓绳子。

3.孩子最后抓着绳子把玩具拉过来。

12 敲打纸卷

难易程度 ★★　建议时间 10分钟

目标：锻炼宝宝手的灵活性和准确性，促使宝宝的身体和头脑发展均衡。

1.将纸卷成长棒状，用胶带固定。

2.让孩子分别拿着纸卷敲打东西。

3.同时敲，两个交换着敲。

4.纸棒以交叉的方式敲敲看。

13 戴着杯子帽走

难易程度 ★★★　建议时间 10分钟

目标：训练宝宝掌握身体的重心。

1.让孩子在头上戴上纸杯帽子走走看。

2.重心抓不稳的话，杯子会掉到一边。

3.让孩子戴着纸杯在房里来回地走，使他熟悉平衡感。

4.孩子能走完全程不掉杯子，然后把纸杯给妈妈，就算成功了。

14 以手代脚

难易程度 ★★★　建议时间 15分钟

目标：训练宝宝的爬行和翻越能力。

1.让孩子爬好，两臂撑起前身，大人在后面轻握两腿腕抬起，使两前臂吃力，支撑前身。

2.这时大人稍用力向前推孩子驱使两臂向前挪动前进。

3.大人可喊："小狗爬爬，小狗爬爬。"可间歇进行。

16～18个月语言游戏

01 说物品名字

难易程度 ★　　建议时间 5分钟

目标： 让宝宝知道不同的人和物品有不同的名称。

1.触摸一件物品，如一张桌子。

2.将宝宝的手放在桌子上，说："桌子。"

3.接着说："××(宝宝的名字)在摸桌子。"边说边摸。

4.重复这个游戏，触摸其他的东西，或是宝宝身体的部位。

02 和玩具说话

难易程度 ★　　建议时间 5分钟

目标： 提高宝宝的语言交流能力。

建议： 假装玩具或物品说话时，记着要用一种较高的语调。

1.把宝宝喜欢的一个毛绒动物玩具(如玩具熊)举到你的耳朵；假装你正在听它说话。告诉宝宝玩具熊说："我们一起玩吧！"

2.将玩具熊交给宝宝，并问玩具熊说了什么。

3.继续做这个游戏，问问宝宝房间里不同的玩具或是物品都说了什么。

03 开商店

难易程度 ★　　建议时间 5分钟

目标： 提高宝宝的语言交流能力和社交能力，扩大宝宝的生活空间。

1.准备一些实物、图片、玩具和纸片(做纸币)，让宝宝和你一起玩开商店的游戏。

2.你当售货员，宝宝当顾客。

3.你主动问宝宝："你要买什么？"宝宝指着他想买的东西，你把东西给宝宝的同时对宝宝说："请付钱。"

4.提醒宝宝把纸片给你。(可互换角色)

04 玩具的声音

难易程度 ★　建议时间 5分钟

目标：培养宝宝对声音的辨别能力。

想想宝宝喜欢玩的玩具，鼓励宝宝模仿那些发声玩具发出的声音。如：

1.火车——汽笛声。

2.汽车——喇叭声。

3.毛绒玩具——编出各种声音。

4.娃娃——编出各种声音。

5.积木——搭得越高，音调越高。

05 你好

难易程度 ★★　建议时间 15分钟

目标：对宝宝进行外语启蒙教育，从而提高宝宝的语言能力。

1.如果你能说两种语言，就用两种语言跟孩子说话。即使你只会说英语，也要尽力用不同的语言说"你好"。如：Hola(欧拉)——西班牙语；Ciao(乔)——意大利语；Moshi(摩西)——日语；Jambo(嘉宝)—非洲语；Shalom(沙罗目)——以色列语；Yasoo(雅祖)——希腊语。

2.让孩子听听外语歌。

3.母语和外语相结合给宝宝讲故事。

06 奶牛"哞哞"叫

难易程度 ★　建议时间 5分钟

目标：帮助宝宝了解周围的声音，促进语言发展。

1.看看动物图画书，然后模仿动物们的不同叫声。

2.学宝宝认识的一种动物的叫声，并让宝宝在书中指出这种动物。

3.增加更多的声音——汽车的声音、消防车的声音、鸟叫的声音等等。

07 不同的声调

难易程度 ★★ 建议时间 10分钟

目标：帮助宝宝了解各种讲话方式。

1.唱一首你所知道的简单的歌曲。

2.首先用正常的声音唱。

3.再换一种声音唱并鼓励宝宝模仿。试着用不同的声音唱，包括：高音，低音，轻声，鼻音(唱歌时捏着鼻子)。

08 看图讲故事

难易程度 ★★★ 建议时间 15分钟

目标：丰富的语言刺激环境能使宝宝储藏大量的语言信息，提升宝宝语言智能的发育。

1.从杂志上剪下孩子熟悉的东西的图片，如动物、小宝宝和食物。

2.和孩子一起看图并讲讲每幅图画。

3.例如，指着一头牛说：“牛在农场里‘哞、哞’叫。”

4.再问孩子牛怎么叫；如果不回答，你就重复一下刚才的话。

5.指着图中的小宝宝说：“小宝宝在摇篮里‘哇、哇’叫”然后问孩子小宝宝说什么。

6.让你的孩子选一张来描述，或是根据图片自己编一个简短的故事。

益智拓展

父母在教孩子学习说话时，应注意发音和词语准确，说话时的语句完整，联系实际以加深孩子对词语的理解，多带孩子外出游玩，增加语言兴趣。

09 说些什么吧

难易程度 ★ 建议时间 5分钟

目标：锻炼宝宝听和说的能力。

1.让孩子一边说：“冰箱很大，但纽扣好小喔!”一边配合手的动作和表情。

2.一边说：“猫是直着走，螃蟹是横着走”，“人是用两只脚走路，小狗是用四只脚走路”，一边模仿走路的样子。

3.在吃饭的时候也可以说：“啦啦啦，用汤匙吃饭更好吃喔!”一边模仿吃饭的样子，然后再做出细嚼慢咽的样子。

10 记住名字

难易程度 ★　　建议时间 5分钟

目标： 训练宝宝知道自己的名字。

1.妈妈在家给宝宝营造一个环境，把几个玩具摆在一起，并分别给它们起个名字。

2.妈妈可以扮作老师，给宝宝和玩具娃娃们点名。可以从宝宝开始，也可以从玩具娃娃开始。点到宝宝的名时，要让宝宝说“到”，点到每个玩具时，让宝宝把玩具抱起来替玩具说“到”。这样宝宝就能记住自己的名字和每个玩具的名字了。

益智拓展

这个游戏能让宝宝记住自己的名字和别人的名字，是宝宝学会交往的开始，而且宝宝也会因为乐意同自己的玩具说话，从而学会更多的语言表达方式。

11 这是“我的”

难易程度 ★　　建议时间 10分钟

目标： 训练宝宝会说代词，丰富宝宝的语言能力。

1.当宝宝拿着一件心爱的玩具正在玩时，妈妈要故意问：“这是宝宝的玩具吧?”如果宝宝不会说，就会拍拍自己的胸脯，表示是自己的。如果宝宝会开口说话，就会说：“宝宝的。”或把自己的小名说出来。这时，妈妈要教宝宝说：“这是我的。”教宝宝用“我”来代表自己。

2.反复和宝宝练习几遍，然后拿起宝宝的鞋子再问宝宝：“这是宝宝的吧?”宝宝就会逐渐回答：“我的。”多练习几次，宝宝就能应付自如了。

12 学习称呼客人

难易程度 ★　　建议时间 5分钟

目标： 锻炼宝宝判别和正确称呼生人的能力。

1.家里来客人时，妈妈要告诉宝宝该怎样称呼客人。

2.比如家里来了男客人，可以告诉宝宝："叫叔叔，说'叔叔好'。"来了女客人可以告诉宝宝："叫阿姨。"如果来的是年纪大一点的男客人，可以告诉宝宝："叫爷爷。"若来的是老太太，可以告诉宝宝："叫奶奶。"

19~21个月益智游戏

19~21个月宝宝智力与训练

这个阶段的宝宝

这个阶段的幼儿已会扶墙上楼梯了，也会用脚尖走，此时的幼儿能用玻璃丝穿眼，能搭高7~8块方积木，并把圆形纸贴在圈圈里。

这段时期的幼儿既会走路，又会用3~5个字的句子回答简单的问题，所以特别愿意和小朋友交往。父母应创造机会让他学习主动和别人交往，特别是与他年龄相仿的小朋友交往。

宝宝的个性发展

这一时期是充分利用玩具教育宝宝的大好时机，应放手让宝宝充分享受玩具和活动的乐趣，让宝宝在轻松的玩耍中获得情绪上的满足，自然而然地获得感官刺激，激发和培养孩子广泛而浓厚的兴趣。

这阶段的孩子虽然独立愿望越来越强，但独立做事能力却还很差。因此，在这阶段父母既要允许幼儿在某些方面依赖于大人以稳定他的情绪，又要鼓励他，并对孩子的行动提出适当的要求，如正确地穿衣、吃饭等，从而培养孩子独立生活的能力。

父母必须训练宝宝放松身体，培养宝宝自我控制情绪的能力。正确对待宝宝的要求，父母双方在教育孩子的态度上要一致。

早教指导

◆怎样教宝宝阅读◆

从小养成宝宝阅读的良好习惯，对宝宝以后的学习大有好处。要达到这一点，首先要选择适合宝宝年龄特点的图画书。比如，根据不同的年龄选择一些故事，图文并茂，结合书中图画，给孩子边讲边看，宝宝听懂小故事的内容提要后，家长再用手指着文字给宝宝读。此时，并不要求宝宝认识这些字，而是使宝宝对文字感兴趣。

其次，一本好书或一个好故事，家长要多读几遍，每次应注意使宝宝有新的发现和提高。可以启发式的提问题，使宝宝学会观察、想象。

宝宝的语言发展

在这个阶段里，随着小儿语言理解能力的发展，儿童的积极言语表达能力也很快发展起来，发音由不正确逐渐正确，会说的句子逐渐增多了，语言的结构也更加复杂化。儿童掌握的词的数量也在不断地增加，开始出现了多词句，这期间，小儿已开始逐步从成人的语言习惯中来掌握语言的语法结构。

父母在这一阶段不仅要丰富幼儿的词汇量，还要教幼儿如何正确运用词汇；父母要抓住一切机会，充分利用一切环境，随机自然地培养孩子运用语言交往的能力。

宝宝的动作发展

由于宝宝的神经系统发育仍然不够完善以及经验的缺乏，宝宝的姿势控制能力及视觉感觉能力还较差，所以，虽然他们学会的动作较多，但动作的准确性、灵活性和熟练性仍不够。因此，要创造适宜动作训练的机会，促进宝宝动作的发展。

这个时期的宝宝，开始初步表现出各具特色的性格特点，有的孩子很听话很乖，有的孩子特别好动，脾气大、执拗。对过分好动的宝宝，家长要给其创造发泄精力的机会。

宝宝的社会交往

这时的小儿既能走路，又会用语言表达，对周围的事物更好奇，而怯生的程度已大大减轻，他们会对一些新的面孔发生兴趣，此时可鼓励和创造机会让他们学习主动和别人交往，特别是与他们年龄相仿的小儿交往。小朋友之间可能会相互接触，或交换玩具，并在这些简单的活动中，得到很多乐趣。家长不要强迫小儿用某种方式与别人交往，而是让他用自己的方式去接近别人，这种简单的交往会给他带来很多好处。

宝宝观察力的发展

构成智能的五种因素，这几种因素都可通过学习数学得到循序渐进的锻炼，儿童在发展的不同阶段中，能通过数学游戏得到促进和开发。

周围五光十色的环境激发着孩子的认识兴趣和愿望，也培养了孩子的美感。教孩子学会区别和认识颜色，是教孩子认识事物、发展智力、培养美感不可缺少的内容。

宝宝的记忆力发展

记忆力能促进智力发展，无论是数数，背述数字，倒述数字还是计算都需要记忆。

对孩子的记忆力训练要采取学后马上复习的办法。最好学习后10~20分钟，马上复习一遍。

训练孩子的记忆力，学习后应在当天晚上和第3天、第7天作全面复习，使记忆痕迹稳定下来。此外要在理解的基础上记忆。

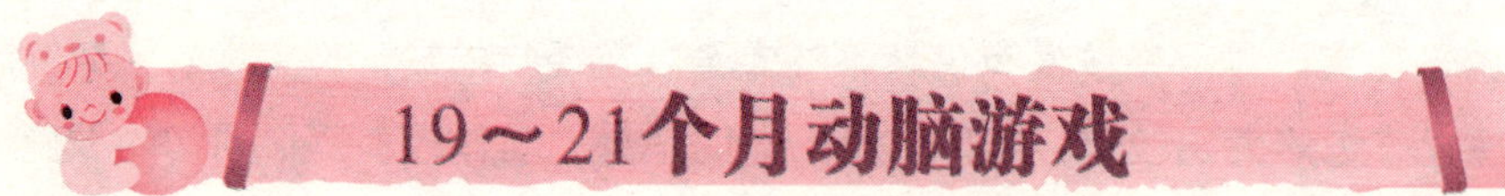

19~21个月动脑游戏

01 找影子

难易程度 ★★★ 建议时间 15分钟

目标： 培养宝宝的逻辑思维能力。

1.准备动物的彩色图片和影子图卡，并将它们配对在一起。

2.妈妈可以直接在图画纸上描出图案的外形，并涂上黑色，成为影子的样子。

02 用纸盒做积木

难易程度 ★★★ 建议时间 15分钟

目标：提高宝宝动手能力和视觉记忆能力。

1.用纸盒制作孩子可以双手抱住的积木。在纸盒的表面贴上色纸来装饰积木。

2.让孩子抱着做好的积木或到处移动着把玩它。

3.有很多积木的话，可以把它们堆起来玩。

4.让孩子抱着积木往前面丢。

5.在积木的6个面分别画上不同的动物，让孩子丢积木，并猜猜出现在最上面的动物的名字。

03 派对帽和魔术棒

难易程度 ★★★ 建议时间 15分钟

目标：锻炼宝宝手的灵活性，提高宝宝手眼协调能力。

1.将彩色的厚纸板剪成半圆之后，在其中一面贴上各种颜色和形状的色纸，并贴上蝴蝶结。

2.将厚纸板折成三角帽的样子使之固定。并在顶端插上棉絮，然后在三角帽下面的两端穿洞之后系上线，派对用的帽子就完成了。

早教指导

◆怎样提升孩子的智力◆

要让孩子多听多看多动手，以发展视、听、触觉；

要多和孩子说话和交往。这样既能促进听觉功能，还能满足孩子对情感的需要。

要结合日常生活和一些简单的游戏培养孩子的思维，想象、实践、创造等能力。

3.魔术指挥棒也很容易做。先用图画纸把手杖粘贴起来，然后在上面贴上各种颜色和形状的色纸。

4.在顶端处贴上星星，其余部分贴上彩色胶带，当作把手来使用，再于手杖上写上孩子的名字。

5.戴上帽子，拿着魔术棒，孩子就变成了派对上的王子或公主。

04 盖子开了又关

难易程度 ★★　建议时间 10分钟

目标：提高宝宝手的灵活性。

1.将各种不同开法的瓶子混合在一起，如转开的、“砰”一声打开的，再把瓶与盖分开。

2.孩子会找符合瓶口的盖子，将瓶子盖上。

3.把可以放进瓶子里面的米或黄豆放在孩子旁边，他就会把米或黄豆放进瓶子里，然后摇动着玩。

研究表明，大脑皮层的成熟程度随手指运动的刺激强度和时间而加快。因此，促进宝宝手指的灵活运动，是提高大脑半球皮质机能的有效手段。

05 不同颜色的帽子

难易程度 ★　建议时间 5分钟

目标：训练宝宝对颜色的识别能力。

1.妈妈准备红、蓝、黄、黑、绿、白色的彩纸各两张。

2.妈妈用彩纸折成红、绿、黄、蓝、黑、白六种颜色的帽子各两顶，让宝宝在一旁观看；妈妈戴上黄帽子，让宝宝也戴上一顶帽子，并依次戴上不同颜色的帽子。

3.妈妈说：“蓝帽子。”宝宝能按照妈妈的指令找出蓝帽子，并能戴上。妈妈还可以和宝宝比赛，看谁找得准，戴得快。

早教指导

◆教认颜色不要操之过急◆

宝宝认识红色是第一次学会一个共性概念，理解这个共性概念要比学认小汽车难得多，因此要容许宝宝用2～3个月来慢慢学习。教宝宝认颜色千万不要急躁，要多次示范，让宝宝从记住大量红色的东西之后，再逐渐理解红色指的是色彩，而不是物名。

当宝宝学会认红色东西之后，要给以充分的时间做练习，千万不要再急于教宝宝认其他的颜色。经常鼓励宝宝把杂色玩具当中的红色东西挑出来，以便巩固成绩。

06 拿掉一块积木

难易程度 ★★★　建议时间 15分钟

目标：发展宝宝的观察力，训练再认记忆及形象思维能力。

1.在完成的积木里拿出几块。

2.让孩子对照某一个图看看。

3.如果是动物，就让孩子一边看着尾巴、耳朵、眼睛、鼻子等图书，一边找出端倪来。

4.孩子回答出来的话，就让他拼拼看。

07 快乐的画图

难易程度 ★★　建议时间 10分钟

目标：培养宝宝的创新思维能力。

1.在墙壁上贴上大大的白纸，

2.让孩子在白纸上用水彩笔沾着水彩，随心所欲地涂画，

3.把几张白纸连接起来的话，孩子也可以一边跑一边涂。

4.让孩子从画直线开始。

08 印手印

难易程度 ★　建议时间 5分钟

目标：提高宝宝自我认知能力，帮助其确定自己的存在感。

1.揉捏黏土，使之变成可以印上手掌的大小。

2.引导孩子在黏土上盖上手掌，并紧紧地压着一会儿。

3.拿开手时，黏土就会出现手的形状。

4.在下方写上日期后，放在阴凉处风干。

5.可以一年做一次手掌模型来保存。

09 寻找宝藏

难易程度 ★★★　建议时间 15分钟

目标：增进宝宝的触觉能力，提高其注意力。

1.在沙子里藏各种东西，如小珠子、钮扣、硬币等物品。

2.让孩子将手放进沙堆里找找看。

3.找到东西要抽出来之前，先问孩子摸到的是什么东西。

10 配配看

难易程度 ★★　建议时间 10分钟

目标：提高宝宝的分类能力和识别颜色的能力。

1.将色纸剪成袜子或二指手套的样子。

2.请孩子找找它们的另一半，要依照样子和颜色才能配对喔。

3.找到手套的另一半后，请画线连起来。

4.将组合式积木的其中一块抽出之后，让孩子找出原本的位置应该在哪里。

11 数字游戏

难易程度 ★★★　建议时间 15分钟

目标：提高宝宝的数学智能，发展其观察力。

1.在色纸上写出数字后，用剪刀剪下。

2.让孩子看看剪下的数字，找出正确的位置并放回去。

3.如果将各种数字弄混，孩子在拼拼凑凑的过程中，也能学习到有趣的数字。

益智拓展

此类游戏主要培养宝宝的数学方面的智能。所谓数学智能，就是发现数字的内在含义，并能把“具体事物”转化为“抽象符号”，再进行抽象事物的处理，最后来思考假设与陈述间的关系和含义。因此宝宝数学智能的培养，有助于其在今后数学计算、逻辑思维、问题解决、归纳和演绎推理、对模型和关系的辨别等方面具备发现问题和解决问题的能力。

12 把球丢下水

难易程度 ★　建议时间 5分钟

目标：增强宝宝的逻辑思维能力。

1.洗澡时，妈妈和孩子在浴缸里保持30秒不动。

2.等到水的表面变静止时，请孩子慢慢伸出手，把球丢进去。

3.在球投入的地方会激起一圈圈的同心圆涟漪。

4.同心圆会碰到孩子的身体、妈妈的身体，也碰到浴缸周围。

5.当同心圆每次碰到孩子身体时，就数“1、2、3”。

6.告诉孩子：“小圈圈正靠过来说‘你好!’呢!”

7.孩子每次在同心圆碰到自己身体时，会觉得很新奇有趣。

13 认左右

难易程度 ★★　建议时间 10分钟

目标：培养宝宝的立体空间感，让宝宝分清左右的区别。

1.教孩子踢球时，告诉他：“这是用左脚踢的。”“这是用右脚踢的。”

2.熟练后，反问孩子：“刚才那球是用哪只脚踢的？”吃饭使用筷子、小勺时均可让孩子辨别左右手。

3.让孩子试说左和右。并告诉他右边有

一只眼睛，左边也有一只眼睛。右边有一只耳朵，左边也有一只耳朵。

4.再看看胳膊和手，腿和脚是不是也是这样？这叫“对称”。

19~21个月运动游戏

01 有趣的手指游戏

难易程度 ★　建议时间 5分钟

目标：锻炼宝宝手指的灵活性，提高其大脑反应水平。

1.玩“剪刀、石头、布”的游戏。

2.用两根手指模仿人走路的样子。

3.在暗处，放置一盏亮着的灯，玩影子游戏。妈妈先做出有趣的手影，让孩子看着投射在墙壁上的影子，孩子会兴奋地动手指头唷！

4.妈妈和孩子互碰食指，玩推来推去的游戏。

02 碰碰球

难易程度 ★★★　建议时间 15分钟

目标：提高宝宝的精细运动能力，并培养其注意力。

1.让孩子拿球瞄准地上的球，并碰撞它使之弹开。

2.妈妈和孩子面对面，同时丢出球，让球互相碰撞在一起。

03 捏氢气球的绳

难易程度 ★　建议时间 5分钟

目标：培养宝宝控制身体动作的能力，发展宝宝运动的协调性。

1.将气球充入氢气，系一条绳，绳的长度是宝宝站在地上需要抬脚并向上用力伸手才能够得到的。

2.让宝宝拿着绳子带着气球玩，当他松手时，气球就会飞到天上。

3.垂下的绳子就是宝宝抓到气球的唯一“线索”，这时引导宝宝去抓那根绳子。

04 一起投球

难易程度 ★ 建议时间 5分钟

目标： 培养宝宝的身体协调运动能力，提高其控制能力。

1.准备好一个大水桶和一个皮球。

2.先让宝宝站在距离水桶稍远的地方，妈妈站在水桶边，然后将皮球滚向宝宝。

3.当皮球滚到宝宝的身边时，妈妈引导宝宝拿起皮球向大水桶里投掷。

4.如果宝宝总是投不进去，可让宝宝走近些；如果宝宝投中了，妈妈就要为他喝彩。

益智拓展

宝宝能行走以后，运动能力是他们智能发展的一种主要方式，因此父母要多和宝宝进行运动类游戏。各年龄段的宝宝最适宜的运动类游戏如下：

1～2岁的宝宝：练习跑跳、拍球、双腿跳。

2～3岁的宝宝：跳绳、蹦床、单腿跳。

幼儿期：以调整运动能力的项目为主，如过独木桥、舞蹈，结合游戏进行的跑跳等。

少儿期：以室外活动为主，如打球、跑步、做操、进行日光浴等。

05 给你米，给我米

难易程度 ★ 建议时间 5分钟

目标： 训练孩子手部的精细动作，增进他的小肌肉群发展。

1.请妈妈手里盛着满满的米，然后倒一些到孩子的手中。

2.孩子要将两手并拢来接妈妈给的米。

3.再请孩子把米倒回给妈妈。

4.进行游戏时，尽量以最少的量慢慢倒。

06 背一背，等一等

难易程度 ★　建议时间 5分钟

目标：锻炼宝宝的跑动能力，促进骨骼生长，增强腿部力量。

1.带孩子上街，尽量让他自己走，边走边念儿歌：

小鸡小鸡你别叫，
爸爸领你看热闹，
不要背来不要抱，
走起路来蹦蹦跳。

2.当孩子不愿走时，大人先是快走几步，面朝前蹲下，回头招呼孩子说："快走，爸爸背背。"

3.孩子追上后，爸爸起身再快走几步，蹲下，再招呼孩子，"快走，爸爸背背。"

4.孩子可能耍赖，哄逗一下让他追来，反复两三次再背上走一段。再哄逗让他自己走。

07 走平衡木

难易程度 ★★★　建议时间 15分钟

目标：锻炼宝宝的行走技能，提高宝宝运动的准确性、灵活性、平衡性。

1.用两块砖搭起一块宽20厘米、长2米左右的木板，让孩子走上去行进，来来回回上上下下。

2.根据孩子掌握平衡程度的进展，还可让孩子手提一只小桶或怀抱布娃娃，甚至可以慢跑、倒着走、鼓励孩子多进行此项活动。

3.也可边走边唱儿歌：

走木板，不眨眼，走到头，向回返，
抱住布娃娃，打着小伞伞，
走呀走，走呀走，一点没危险。

19～21个月语言游戏

01 图画和识字卡

难易程度 ★★★　建议时间 15分钟

目标：建立宝宝对文字的兴趣，提高语言能力。

1.准备有图画和文字的识字卡。

2.如果让孩子看苹果的图画，就说"苹果"，然后翻面，让他看写着"苹果"的字。"苹"和"果"无论何时都要合在一起念。

3.这次让他看汽车的字，然后看到图画之后，就模仿汽车"嘀嘀"的声音。

4.买饼干的时候让孩子看看包装纸上写的饼干名字。日子一久，他自然就会认得那个字。

02 打招呼

难易程度 ★★　建议时间 10分钟

目标：提升宝宝的语言能力，打好社交的基础。

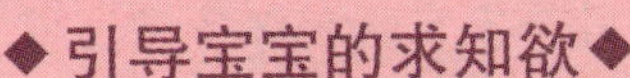

早教指导

◆引导宝宝的求知欲◆

学习动机极强的宝宝，在学习结果的表现上，比缺乏动机的宝宝来得优越。学习动机对学业成绩的影响和智力是分不开的。

智力来自遗传，可变性有其限制，学习动机却可以无限制的从后天引发，父母可以通过以下方法引导幼儿的求知欲：

给宝宝提供机会去探索他感兴趣和好奇的领域；

给宝宝信任和温暖的学习情境；

可以借物质的酬赏建立年纪小的宝宝的外在动机，年龄稍长再引发他的内在动机；

允许宝宝尝试错误的学习；

不以大的价值观来衡量宝宝的所作所为；

教宝宝对自己的行为结果负责任。

1.让孩子和自己的玩偶打招呼。

2.把玩偶放在孩子容易看见的地方。

3.试着这样问孩子："不错的早晨呢!""今天想玩什么呀?""我们今天玩过家家吗?"

4.妈妈也和孩子一起向玩偶打招呼。

03 认识汉字

难易程度 ★★ 建议时间 10分钟

目标: 训练宝宝认识更多的字，提升其语言智能。

1.将家里的家具贴上汉字，让宝宝经常看到。当宝宝会认出一个汉字时，妈妈就将这个汉字写在硬纸板上，制成字卡，然后给宝宝认，看宝宝能否认出来。也可以写下宝宝能认的词，让宝宝同时认读。

2.当宝宝能认识一些有关动物的汉字时，妈妈可以引导宝宝拿着动物玩具，将字卡和动物玩具放在一起认读。晚饭后，妈妈可以将字卡逐个拿出来让宝宝读，妈妈可以将宝宝认得的字卡用皮筋捆上，第二天复习时继续使用，并连续复习一周。

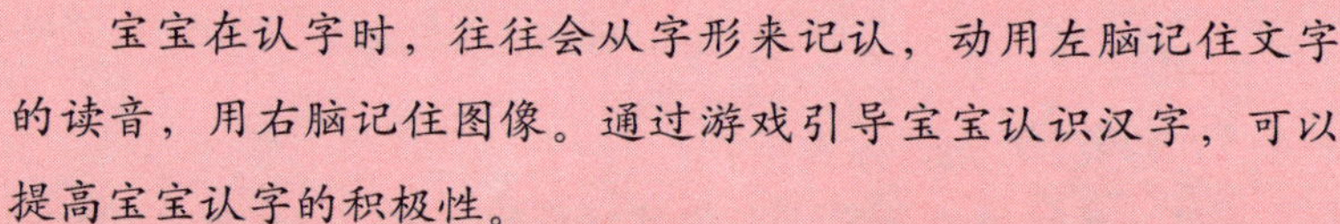

益智拓展

宝宝在认字时，往往会从字形来记认，动用左脑记住文字的读音，用右脑记住图像。通过游戏引导宝宝认识汉字，可以提高宝宝认字的积极性。

04 传话

难易程度 ★ 建议时间 5分钟

目标: 提高宝宝的语言表达能力。

1.利用交给孩子任务的方式，比如爸爸要出门，妈妈告诉孩子："去，告诉爸爸戴上帽子，别冻着。"

2.孩子便找到爸爸说："爸爸，戴上帽子，别冻着。"或者说："爸爸，妈妈让我告诉你戴上帽子，别冻着。"

3.如果孩子传达得比较准确，句子比较完整，都应表扬。

早教指导

◆语感训练◆

朗读是训练语感的最简便灵活的方式。父母带有浓烈抒情色彩的朗读，能让孩子感悟语言文字的美，为孩子将来形成良好的语言风格打下坚实的基础。

背诵是与朗读密切相关的训练方式。儿童喜欢有韵律、有节奏的流畅语言。韵律和节奏激发了儿童心中的语言模式，使他们能迅速感知语言并尽快掌握。

要使孩子有良好的语感，应该多带他们到大自然中去。孩子在色彩灿烂，形象生动的大自然面前，会产生丰富的联想，从而感悟诗歌、语言的深刻含义。

4.还可以有意识地让孩子代替问话，如“宝宝，问问妈妈，爸爸的棉鞋放在什么地方。”“问问爸爸喝不喝水”等。

05 开关取物，放物

难易程度 ★ 建议时间 5分钟

目标：训练宝宝的语言能力和与人合作的能力。

1.找一只能开关的小盒，内放一些小玩具。

2.让宝宝在你的语言指示下开关取物，如：“宝宝把盒子打开，给妈妈拿出一块积木”或“宝宝把蜡笔放进盒子”等。

22~24个月益智游戏

22~24个月宝宝智力与训练

宝宝的语言发展

孩子的语言是在与人的交流过程中获得发展的。家长要想让孩子的语言获得良好的发展，就应该多和孩子交谈。

刺激宝宝语言发展的方法很多，如看图称呼人物、教唱儿歌等。

宝宝的记忆力发展

1~2岁的孩子认识事物主要依靠无意识记忆，有意识记忆要二岁以后才开始萌芽。因此，提高幼儿无意识记忆的效果有助于促进其心理的发展。

家长应该让宝宝多感知一些事物，经过无数次重复，有助于他们在无意中记住事物的特点、名称和用途。

宝宝的动作发展

孩子开始学会了走、跑，他很愿意到处乱跑、乱动。但此阶段的孩子识别危险的能力很差，因此孩子独自在房间内玩耍时，成人要对室内做全面检查，对孩子安全有碍的东西要予以整理。

父母在给孩子选择玩具时，不但要注意适合孩子的年龄特点，并有助于开发智力，而且还不可忽视它们是否对孩子的安全造成威胁。

宝宝的个性发展

这个阶段的孩子已能走会说，交往范围扩大了，他开始对小伙伴感兴趣，欲与其他小伙伴一起玩的愿望越来越强烈。家长要教孩子在与小伙伴玩的过程中逐渐懂得与小伙伴合作、分享的方法，并体会到因这样做而获得赞赏的愉快心情。

另外，这个阶段的孩子对周围环境充满了兴趣，每一个新发现的事物都能激发孩子的求知欲，但这也可能是造成孩子意外伤害的原因。要解决两者之间的矛盾，就要把重点放在预防上，给孩子一个安全的角落，让他在那里自由地探索他所感兴趣的问题而又不会发生任何危险。

宝宝的观察力发展

一岁以后的幼儿开始有意识地观察事物，因其对客体永久性的认识日趋成熟，知道物体可以从一处移到另一处，且能够找到先后藏在两个位置的同一个客体。一岁半时，幼儿已能找到无论在什么情况下藏起来的物体，不管他看见与否。这种对客体的永久性认识，使其注意活动更加具有了持久性和目的性，而不再受物体出现与否的影响，这也使其注意活动更具有探索性和主动性，使其直接经验的学习能力也迅速发展起来。

模仿也是一种学习方法。看见别的孩子玩得很开心，他就会模仿着做，活动他的身体，或跟着一起笑。

宝宝的数学能力发展

二周岁宝宝的数学能力发展很快，但也存在个体差异。宝宝数学能力的发展与成长环境、家长是否重视教育关系密切。

早教指导

◆幼儿家教四不宜◆

1.不宜包办代替

家长应该从孩子一岁左右就开始培养孩子自己的事情自己做的意识，让孩子做力所能及的事。

2.不宜满足不恰当的要求

一岁左右的孩子，已经会用一些手段来要挟父母满足他的要求，所以从这时起，家长就要坚决拒绝孩子的无理要求。

3.不宜干涉太多

要让孩子去做自己想做的事情，以培养孩子的自主性。

4.不宜不理解孩子

1~2岁的孩子，有时不会或不能清楚地表达自己的想法，这就需要家长的理解。如果家长做到了，会促进孩子语言的发展，也有利于形成母(父)子之间亲密的关系。

22~24个月动脑游戏

01 安静下来

难易程度 ★　　建议时间 5分钟

目标：提高宝宝的数学智能，培养其注意力。

建议：当孩子因兴奋而无法调适心情时，他们无可奈何地只能以哭丧着脸闹或对妈妈行使暴力来宣泄。此时请妈妈不要直接面对孩子的无理取闹，而应帮助他们安静下来。

1.妈妈两手藏于背后；即使孩子正在生气，也会看见妈妈这个举动。

2.一边把手拿出来，一边从右手大拇指开始屈指数“一只羊……”，吸引孩子的注意。

3.用手指慢慢地数“两只羊、三只羊……”。

4.孩子一边看着妈妈的手指数数，渐渐地就会安静下来。

02 来做雪人吧

难易程度 ★★ 建议时间 10分钟

目标： 增强宝宝对自身的认识，提高宝宝的认知能力。

1.画一个没有手、脚与脸的雪人在图画纸上。

2.剪下画着身体各部位的色纸。

3.请妈妈做出身体各部位的特定动作，让孩子猜对部位之后，再将色纸贴在雪人身上。

4.例如妈妈做出听的样子，孩子就必须贴上雪人的耳朵。

03 找朋友

难易程度 ★★ 建议时间 10分钟

目标： 发展宝宝的认知能力，提高宝宝的形象思维能力。

1.妈妈把画有雨点、雨伞、绳子、剪刀的图片摆在宝宝的面前。

2.妈妈拿出画有雨点的图片问宝宝："外面下雨了，你出门时该拿什么？"

3.引导宝宝将画有雨伞的图片放在画有雨点的图片的旁边。

4.妈妈拿出画有绳子的图片问宝宝："用什么东西能把绳子剪开？"引导宝宝回答："用剪刀。"宝宝将画有剪刀的图片放在画有绳子的图片的旁边。

04 跟着我画

难易程度 ★★★ 建议时间 15分钟

目标： 锻炼宝宝手指的准确性和灵活性，促进宝宝智力的发展。

1.将大张的纸贴在墙壁上，请妈妈先画出一个简单的图案。

2.请孩子看着妈妈的涂鸦，在一旁跟着画画看。

3.不要只是画事物原本的面貌，也要表现出内涵的意义。例如：画行进中的车子扬起灰尘的样子。

4.和孩子讨论要画什么，让他画最想画的东西。

05 娃娃指挥家

难易程度 ★　建议时间 5分钟

目标： 提高宝宝上肢运动能力，并培养其节奏感。

1.请孩子像指挥家一样，听到音乐时，就开始指挥。

2.让孩子看着管弦乐队演出的录像带跟着做。

3.指挥的样子是很有趣的动作。

4.边听音乐边摇动手部，孩子的韵律感自然而然会变好。

06 涂鸦板

难易程度 ★★　建议时间 10分钟

目标： 提高宝宝的想象力和创造力。

1.在小孩房间、客厅、厕所等地方贴上涂鸦板。

2.尽量做到让孩子无论何时都能涂鸦。

3.在涂鸦板附近放一些彩色笔。

4.在涂鸦板上可以尽情地发挥自己的想象力，孩子的创造力也得以发展。

益智拓展

让宝宝信手涂鸦是发展想象力的途径，是培养逻辑思维的方式。因此，妈妈面对宝宝的涂鸦游戏，不管他涂得如何，都不要禁止，也不要过早地教给宝宝绘画的规则，因为这时期的宝宝涂鸦都是无序、无控制的活动，同时宝宝想象力比绘画技巧重要得多。如果妈妈介入宝宝的涂鸦活动，就会扼杀宝宝天生的直觉与创意。

07 笑的脸，生气的脸

难易程度 ★　建议时间 5分钟

目标： 增加宝宝对面部表情的认识，帮助宝宝从面部表情辨别他人的情绪。

1.在图画纸上分别画出笑脸与生气的脸。

2.说一则关于笑脸与生气脸的故事给孩子听。

3.说到开心处时，让孩子看一下笑脸；说到难过处时，则看一下生气的脸。

4.即使只有表情，孩子也能了解故事的情境。

08 和娃娃玩

难易程度 ★★★ 建议时间 15分钟

目标：训练宝宝对日常生活的观察能力，提高其模仿能力，在模仿中学习生活中的常识。

1.即使贵了点，也要选择触感佳、表情富于变化的玩偶，当作孩子的礼物。

2.让孩子帮玩偶取个好听的名字。

3.帮娃娃梳头或是换衣服。

4.告诉孩子胡乱操纵娃娃的话，他可是会痛的。

5.教孩子和娃娃互相碰碰脸颊，打打招呼，寒暄一下。

6.这样孩子会觉得与娃娃之间有着很强的亲密感。

09 花的游戏

难易程度 ★★ 建议时间 10分钟

目标：让宝宝感受玩的愉悦，收获快乐情绪，从而形成开朗热情的性格。

早教指导

◆令父母头痛的宝宝◆

年纪越小的宝宝，越希望父母能注意他。所以，当宝宝在做令父母头痛的事情时，应装作根本不在意，那么，宝宝对那件事自然觉得兴趣索然，而不再做了。

如果劝告宝宝，向宝宝说明各种理由，宝宝也似懂非懂。基于这个理由，有时忽视是比较有效的。

1.春、秋花开时，和孩子到户外去赏花。

2.用花做成时钟、手环和脚环。

3.将大波斯菊挂在孩子的耳朵上。

4.一起躺在花圃中闻闻花香味。

5.爸爸和妈妈每人给孩子一朵花当礼物。

6.到溪边去，让花顺水漂流而去。

7.不要胡乱剪、摘花朵，也要教孩子如何照顾、爱护花朵。

10 箱子是我的家

难易程度 ★★★ 建议时间 15分钟

目标：锻炼宝宝独立生活的能力。

建议：孩子在箱子做成的房子里玩时，尽量不要妨碍他，让孩子有独处的时间。由于这是孩子的家，所以请妈妈不要随意变更构造或移动位置，孩子会很重视自己的家。

1.用布做成箱子的门，在里面挂上电灯。

2.用色纸和装饰品一起装饰房屋内、外。

3.在箱子做成的房子里，让孩子保管自己喜欢的东西。

11 画我的家人

难易程度 ★ 建议时间 10分钟

目标：培养宝宝手指的灵活性，增进宝宝与家人间的亲密感情。

1.让孩子画爸爸、妈妈和兄弟姊妹。

2.孩子画图时，妈妈在旁边跟孩子说有关家人的事情。

3.让孩子先画出想画的人。也可以看着照片画。

12 面粉团游戏

难易程度 ★★★ 建议时间 15分钟

目标：让宝宝手部动作更加协调，更加灵活。

1.用面粉团捏成各种形状的面团。

2.将玩具放在面粉团上使劲地压，就会出现玩具的轮廓。

3.在面粉团上仔细刻画出玩具的模样。

4.也可请妈妈画出动物大概的形状，让孩子完成细部或上色。

5.再拿一些面粉团，让孩子在上面做眼睛、鼻子和耳朵等五官。

13 三角铁演奏

难易程度 ★★ 建议时间 10分钟

目标：让宝宝感知声音的高低，发展宝宝的音乐智能。

1.让孩子一边听着童谣或古典音乐，一边配合拍子敲击三角铁。

2.第一次请妈妈握着孩子的手一起敲打。

3.孩子很快就会熟练，然后配合节奏敲击三角铁。“锵锵锵”，三角铁美妙的声音不断地在孩子的耳中回响。

4.让孩子配合着华尔兹的旋律——“强弱弱”、“次强弱弱”敲击。

5.可让孩子用打击棒在三角铁的内边来回不停地敲打，撞击到三角铁便会发出嘈杂的声音。

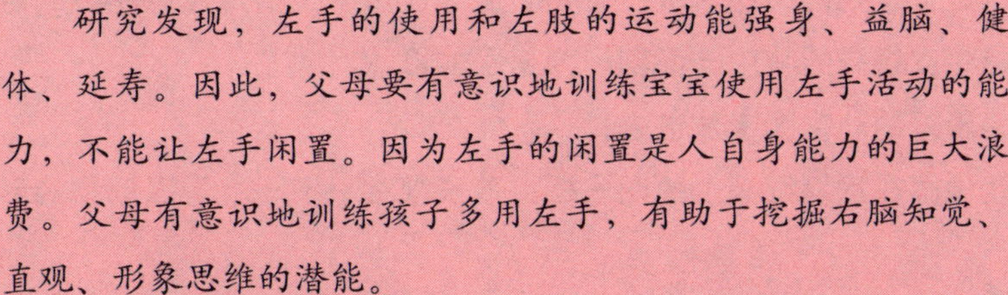

益智拓展

研究发现，左手的使用和左肢的运动能强身、益脑、健体、延寿。因此，父母要有意识地训练宝宝使用左手活动的能力，不能让左手闲置。因为左手的闲置是人自身能力的巨大浪费。父母有意识地训练孩子多用左手，有助于挖掘右脑知觉、直观、形象思维的潜能。

同时提醒那些有左撇子宝宝的父母：不要刻意去纠正宝宝的“左撇子”，而需要训练宝宝学着使用右手，让宝宝的左右脑一起开发。

早教指导

◆训练幼儿的记忆力的方法

父母在训练幼儿的记忆力时应注意：对事情或故事，给宝宝提出明确记忆要求；用生动直观、形象具体的事物吸引宝宝的注意，增加无意记忆；调动孩子的全部感官，有助于记忆；及时复习，巩固记忆。

14 寻找数字

难易程度 ★★　建议时间 10分钟

目标：启发宝宝对数的基本认知，提高宝宝的数学能力。

1.在一张纸上随意写上数字1～20。

2.这是从1开始，依2、3顺序画线，并将数字互相连接起来的游戏。

3.连接的当中就如同旅游一般，请爸爸、妈妈一起跟着孩子走。

4.跟着孩子走的时候，可以说："5过去了唷！""接着就换6了喔！"帮助孩子熟悉数字。

15 是什么图案呢

难易程度 ★★　建议时间 10分钟

目标：训练宝宝的图形感知能力。

1.这是一个妈妈将图卡放进窗格子里，让孩子猜猜是什么图案的游戏。

2.将牛皮纸袋的其中一面割出窗格子的形状。

3.将画好的动物图卡放进去。

4.就像画在瓦楞纸板上的图一样，孩子很难一下子就看出动物的形状。

16 磁铁游戏

难易程度 ★　建议时间 5分钟

目标：发展宝宝的想象力、形象思维以及创造性思维能力。

1.将一个磁铁绑起来以后，请孩子拿另一个磁铁碰触看看。

2.磁铁会紧紧地互相吸住或互相排斥。

3.让孩子将两个磁铁放在地上，并互相碰触看看是相吸还是相斥。

4.跟孩子说明磁铁的原理。

17 布偶写生

难易程度 ★　建议时间 5分钟

目标：锻炼宝宝双手配合动作的能力，提高手部运动的随意性和准确性。

1.画一画坐在沙发上的布偶。

2.开始时，请妈妈把着孩子的手画图，孩子很快就会说要自己画。

3.一边画眼睛、鼻子、嘴巴、耳朵、手和脚，一边和孩子聊着娃娃的事。

4.对孩子说：“娃娃的眼睛又圆又漂亮呢！”“娃娃在微笑呢！”

5.在图的下方写上娃娃的名字。

18 摸摸看就知道了

难易程度 ★★★　建议时间 15分钟

目标：锻炼宝宝记忆能力和感知能力。

1.在纸箱的两边各挖一个足以让孩子手臂伸进去的洞。

2.妈妈将手伸进一边的洞，孩子伸进另一个洞。

3.在箱子里放入几样物品。

4.一边触摸物品，一边描述其大小和形状。

5.想象一下是什么东西。

6.孩子和妈妈一起触摸物品，能更仔细、生动地彼此分享关于物品的感觉和特征。

7.孩子发挥想象力时，头脑会变发达。

19 认识上下，前后

难易程度 ★★★　建议时间 15分钟

目标：通过让宝宝摆放物品，并结合语言和动作来理解上和下的概念，促进其空间智能的发展。

1.大人问孩子，被子盖在哪？褥子铺在哪？孩子答复后，告诉他，被子盖在你身上面，为“上”；褥子铺在你身下边，为“下”。

2.当玩踩影子的游戏活动时告诉他现在影子在我前面，赶快去踩。现在影子在我后面。还可说：宝宝在我前面走，爸爸在宝宝后面走。

22~24个月运动游戏

01 到游乐场去

难易程度 ★★　建议时间 10分钟

目标：锻炼宝宝的运动能力。

建议：孩子经常会看向爸妈，此时请不要吝啬你的称赞与激励，以让他安心。爸爸妈妈也可以和孩子一起使用游乐器材。

1.溜滑梯时能感觉到速度感。

2.孩子荡秋千时，请爸爸妈妈各站在前后保护，并前后推动。

3.鼓励在攀爬架里爬上、爬下的孩子。

02 相扑游戏

难易程度 ★★　建议时间 10分钟

目标：使宝宝的骨骼与肌肉进一步发达，提高其运动能力。

1.准备一个和孩子身材相当的大玩偶或婴儿车等有些许重量的物品。

2.让孩子用双手推它。

3.爸妈在后面托着孩子，防止他推得太用力或跌倒。

03 跨棍子游戏

难易程度 ★★★　建议时间 15分钟

目标：提高宝宝跑跳能力，提升其运动智能。

建议：请小心摇动棍子，别让孩子受伤。

1.妈妈将棍子放在地上，慢慢地左右摇动。

2.这个时候孩子一面跳，一面跨过棍子。

 04 翻筋斗

难易程度 ★★ 建议时间 10分钟

目标： 促进宝宝全身协调能力的发展。

1.将垫子摆在房间的正中央，然后让宝宝将头、双手放在垫子上，并且单脚一边抬起，往斜前方翻滚。

2.最初宝宝可能会做不好，这时可以让妈妈用手帮他。反复几次之后，宝宝就渐渐熟练了。

3.妈妈在不碰到宝宝的范围内，和他一起翻筋斗，能提高宝宝对游戏的兴趣。

益智拓展

反复往斜前方翻滚，能够促进宝宝全身协调能力的发展，也可以促进反射神经的功能，从而发展宝宝的大脑。注意保护宝宝，不要让他受伤。

 05 面纸足球

难易程度 ★ 建议时间 5分钟

目标： 锻炼宝宝思维的活跃性，开发宝宝的想象力。

1.轻轻地将面巾纸揉成一团，做成球的形状。

2.孩子和爸爸各拿着一块垫板或扇子扇风，让纸球移动。

3.玩接球和发球的游戏。

4.垫板不能碰触到球，只能用风让球移动。

 06 飞啊！纸飞机

难易程度 ★ 建议时间 5分钟

目标： 锻炼孩子跑的能力。

1.将纸飞机扔出后，请和孩子一起跟着纸飞机跑。

2.和孩子轮流扔纸飞机。

旗子倒了

难易程度 ★★★　建议时间 15分钟

目标： 训练宝宝双手配合协调动作的能力，提高手部运动的随意性和准确性。

1.堆好沙堡后，在顶端插上旗子。

2.爸爸、妈妈和孩子轮流抓一小把沙子起来。

3.沙堡渐渐变小，旗子也开始摇晃。

4.将沙子拿走的当中，如果谁让旗子倒了就输了。

益智拓展

手的动作能力不仅是促进大脑发育的途径，更是宝宝日后独立生活的行为基础，在游戏中想让旗子不要倒的话，需要小心并注意控制手和手臂的力量。

两只小白兔

难易程度 ★★　建议时间 10分钟

目标： 让宝宝练习平稳地向指定方向走。

1.选择在室外进行时，可在平坦的地面上画一个圆圈；选择在室内进行时，可在一张圆桌旁。

2.准备好两张硬纸板，妈妈和宝宝分别头顶大小相同的硬纸板，装扮成两只大白兔，面对面隔圆圈或圆桌而站。

3.游戏开始后，妈妈和宝宝同时按顺时针方向走，途中不能用手扶头上的东西。

4.如果头上的纸板掉下来，就必须在原地捡起放回头上，才能继续进行。看谁先回到原位，谁先回到原位谁就获得胜利。

09 吹色纸

难易程度 ★★ 建议时间 10分钟

目标：增强宝宝的肺活量。

建议：比赛让色纸不要碰到嘴巴。吐气越久，色纸会飘得越久。

1.在妈妈和孩子的额头上分别贴上长条状的色纸。
2.让色纸可以碰触到嘴唇。
3.用嘴巴“呼——”地吹气，色纸会飘动。
4.妈妈和孩子同时吹动色纸。

10 爬楼梯

难易程度 ★★ 建议时间 10分钟

目标：提高宝宝的运动智能，让宝宝的肌肉和心肺功能更发达。

1.牵着孩子的手，一起爬楼梯。
2.一边一阶一阶地往上爬，一边鼓舞孩子给予勇气。
3.爬上楼梯后，让孩子回头看看自己爬了多少阶。

11 气球变羽毛球

难易程度 ★ 建议时间 5分钟

目标：使宝宝的身体动作均衡地发展。

早教指导

◆训练小儿的灵活性◆

二岁左右的孩子，可以进行下面的一些锻炼：

让运动更稳定、协调可进行转弯、绕障碍物跑，倒退走、侧身走，双脚跳、跨越跳等训练。

攀登动作，可发展手的握力，腿的蹬力，使四肢的动作日趋协调和灵活。

锻炼小儿手臂的力量，可让其训练扔皮球，掷沙包，在练习投掷目的物时培养小儿的注意力和初步空间感。扔皮球应让小儿举手过肩扔球。沙包做成80～100克重，内装小豆子或干净的沙粒。

1.让孩子用羽毛球拍拍打气球。

2.让孩子将气球拍打到妈妈所在的位置。

3.让孩子将气球打到床的上方。

4.让孩子一边拍打气球，一边到处跑来跑去。

12 跳房子

难易程度 ★★★　建议时间 15分钟

目标：锻炼宝宝的腿部力量，增强身体的灵活性，使宝宝的体质得到锻炼。

1.开始，在地上简单画上几个格子扔出一个毛毽子，让孩子用单腿或双腿蹦跳过去拣到毽子再跳回来，跳一段后还可跳离地高5厘米的橡皮筋。

2.教会孩子这首儿歌：

跳房子，跳呀跳，跳出青蛙呱呱叫。
叫一叫，笑一笑，毛毽毽，要拣到。

13 肥皂泡

难易程度 ★　建议时间 5分钟

目标：锻炼宝宝的运动能力，增加孩子的想象力。

1.在一块较宽敞的平地上，大人吹肥皂泡，让孩子追逐、捕捉。

2.然后让孩子自己吹，可走着吹，可跑着吹，大人可随之追逐。

3.肥皂泡的飞飞扬扬，可增加孩子的想象力，大人应抓住几个，张开手掌让孩子看看，告诉他这里面也是空气，虽然他还听不懂，但可作为疑问的信号，储存在孩子的脑海里。

14 钻绳

难易程度 ★★★　建议时间 15分钟

目标：锻炼宝宝身体的灵活性和反应的敏锐性。

1.一根红毛线绳横拴在两个凳子或两根竹竿中间，离地面约50厘米高，让孩子钻过去钻过来，不允许碰着绳。

2.孩子可能爬着或像猴子一样，四脚着地向前走动。

3.大人在旁边唱儿歌：

钻哪钻哪钻绳绳，

一下钻出个大虫虫。

15 玩具旅游

难易程度 ★　建议时间 10分钟

目标： 提高宝宝的运动能力和肢体协调能力。

1.在5米远的地方放十几件孩子爱玩的玩具，在这边放上孩子玩的玩具车(小火车、汽车或小拉车)。

2.跟孩子说：“让那边的玩具去旅游，到北京、上海……赶紧把他们装上车，只能一件一件地装，爸爸喊‘一二’就开始，好吗？”

3.开车后，孩子一趟一趟地跑着拿。大人帮助装车，都拿完，拉着车转一圈，就说到了北京、广州、上海，假戏真作。

4.玩几次后，在中间横拉一根离地面20厘米的橡皮筋，当做“沟”，让孩子拿玩具，进一步增加些难度。

益智拓展

运动还能促进脑中多种神经递质的活力，使大脑思维反应更为活跃、敏捷，并通过提高心脑功能，加快血液循环，使大脑享受到更多的氧气和养分，从而达到提升智力的作用。

16 过马路

难易程度 ★★　建议时间 10分钟

目标： 提高宝宝的运动和模仿能力。

1.画两条相距2～3米的平行线，当作马路。

2.让孩子分别模仿小鸭、青蛙、螃蟹过马路。

3.大人先得做好示范，小鸭怎么走，青蛙如何蹦，螃蟹怎样横着走，让孩子学会，每天过一两次。

22~24个月语言游戏

01 元音游戏

难易程度 ★　建议时间 5~10分钟

目标：让宝宝更正确的发音，提高宝宝的语言能力。

建议：一边强调元音，一边让孩子用夸张的表情发音。

1.像数数一样，配合口令的节奏，开始发元音。

2.请孩子发出“啊、呀、喔、呦、呜”的音。

3.配合节奏以断音符号的形式，恰似柔软又低沉的大提琴，或像打鼓一样发出较强的音。

4.将嘴巴张到最大，愉快地做出好笑的表情。

02 换一种说法

难易程度 ★　建议时间 5分钟

目标：提高宝宝的语言表达能力。

1.准备一只美丽的布娃娃，一只丑的布娃娃。出示美丑两只布娃娃，让宝宝比较观察，然后启发提问：“宝宝，这两只娃娃谁好看？”“除了说她好看，还可以怎么说？”(美丽的、漂亮的)。

2.家长出示丑的布娃娃，提问：“这只娃娃长得怎么样？”“除了说她难看外，还可以怎么说？”(丑陋的)。

益智拓展

通过比较观察，引导宝宝说出近义词，培养宝宝思维的敏捷性，丰富宝宝的语言词汇，游戏中要求宝宝说出近义词，注意给宝宝一些提示。

03 贴文字游戏

难易程度 ★★　建议时间 10分钟

目标：让宝宝懂得事物和文字间的连贯关系。

1.将孩子喜欢的布偶名字写在纸上，然后贴在布偶上。

2.写上玩具的名称，并贴在玩具上。

3.时常让孩子看到贴在上面的文字，宝宝自然而然就会说出布偶或玩具的名字。

04 童话里的声音

难易程度 ★★　建议时间 10分钟

目标：提高宝宝的语言理解力。

1.童话里会出现各种声音。妈妈可以一边念，一边发出声音。如问孩子："樵夫砍柴的时候会出现什么声音呢？"

2.孩子可以回答："咚咚，咚咚！"

3.再问孩子："狮子突然出现了，会发出什么声音呢？"

4.孩子会说："吼！"

5.一边读童话，一边找出可以让孩子发出声音的事物，让孩子觉得读童话真的很有趣。

05 读报纸给宝宝听

难易程度 ★　建议时间 5分钟

目标：培养宝宝的语言及观察能力，提高宝宝的表达能力。

1.先看孩子最喜欢的版面，可能是广告版、电视节目介绍、天气预报、运动版。

2.如果有孩子喜欢的电视节目的话，请告知孩子播出时间。

3.看看天气，问孩子该穿什么衣服。

4.漫画也会引起孩子的注意。

5.请妈妈一字不漏地念给孩子听。

6.孩子问问题的话，请先暂停，等回答完问题以后，再继续念。

7.请将孩子喜欢的图或照片剪贴下来。

06 打扮起来

难易程度 ★★★ 建议时间 15分钟

目标：培养宝宝语言能力并增加其词汇量。

1.将所有的服饰收集到一起——帽子、围巾、鞋、手套，或者其他孩子会喜欢的东西。

2.戴上一顶帽子，说：“你好吗，××(宝宝的名字)先生？”

3.戴上一只手套，说：“哦，摸起来很滑。

4.让宝宝拿起一件衣物，如果不知道是什么，可以帮忙。

07 在浴池中唱歌

难易程度 ★ 建议时间 5分钟

目标：和宝宝一起洗澡，是一个特别的亲情时段。和宝宝边洗澡边唱歌其乐无穷，还可以教给宝宝语言技能。

1.给宝宝洗澡时，父母可以边唱下面的儿歌边给宝宝洗澡：

该洗你的脚丫，洗脚丫，洗脚丫。

该洗你的脚丫，洗得干净又漂亮。

2.还可用其他身体部位演唱，如腿、脸、膝盖、脚踝、腰和肚皮等。

08 唱出名称

难易程度 ★ 建议时间 5分钟

目标：培养宝宝的说话能力。

1.与孩子坐在地板上。

2.通过唱或朗诵的方式说说屋里孩子熟悉的物品的名称：“我可以看到玩具熊(或是其他常见的物品)。”

3.让孩子摸摸玩具熊。

4.继续说出屋里其他物品的名称。每次说名称时，先用一句话把它朗诵或唱出来，再让宝宝摸摸它。

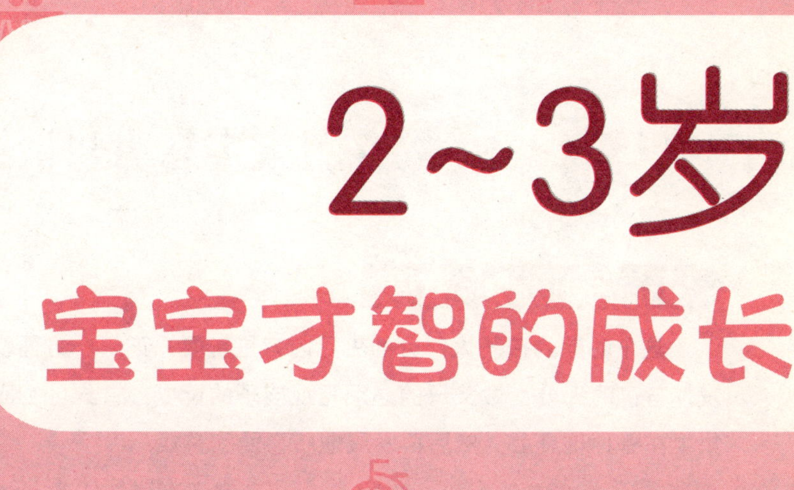

2~3岁 宝宝才智的成长

PART 3

25~27个月益智游戏

25~27个月宝宝智力与训练

宝宝的动作发展

这个时期的孩子大部分的生活内容是玩耍。孩子一方面快活地游戏，一方面发挥自己的天分，做父母的必须重视孩子的玩耍。首先仔细观察孩子的兴趣大多集中在哪种玩具上，然后再发展他所喜爱的游戏。

二岁以后的小儿运动技巧又有了新的发展，运动技巧的发展可促使小儿动作更具有灵活性；扩大幼儿的认识范围，使他们不但能主动地接触事物，还能从各方面来认识事物；为空间知觉及初步的思维活动的形成准备条件；同时也促进了小儿独立性的发展。

需要注意的是，这时期的幼儿许多动作仍然是不稳定的，很容易出现意外。因此，父母既要为小儿提供练习的机会，又不要让小儿过于疲劳，同时还应注意儿童的安全卫生。

宝宝的语言发展

2~3岁是小儿学习口语的关键期，因为这个时候，随着生活范围的逐步扩大，孩子好奇、好问、好模仿，样样想尝试，对周围事物的兴趣特别高，学说话最快，是获得词汇的高潮时期。如果这个年龄阶段小儿口语发展遇到障碍，以后

早教指导

◆培养口语表达能力的途径◆

培养口语表达能力要从2～3岁做起，因为这是儿童掌握口头语言的最佳时期。

培养2～3岁幼儿的口语表达能力应注意以下几点：符合幼儿直观、具体的思维特点；在游戏中让孩子学习语言；丰富孩子的生活知识；设置发展口头语言的良好环境；让孩子经常进行练习；练习语言的形式多样化。

要进行弥补将会出现困难。

好的语感是儿童智力培育的先驱。单纯靠幼儿日常学习语言来培养语感世界是绝对不够的。父母多教几句话，多教几个词，也是不够的。必须在日常生活中随时留意，在自然中陶冶性情，不断充实幼儿的内心体验。这样，幼儿对语言才会有丰富的联想，智力才会不断提高，形成良好的语言风格。

宝宝的情感交流

这个阶段的宝宝自我意识逐渐增强，而建立“自我”的方式就是反抗，孩子常常觉得自己能干了，不愿意处处受成人支配，便以不顺从、闹独立来达到这个目的。孩子出现这种现象是正常的，是心理发展的必经之路，父母一定要尊重孩子什么都想干的愿望，恰当地处理好与孩子的关系，尽量给孩子更多的发挥独立性的机会，但在孩子发脾气时可以装作不知道，暂时不去理他，或把孩子的注意力引向其他游戏。这样，反抗心理就可以得到缓和，并能促进小儿心理的正常发展。

宝宝的想像力发展

2～4岁是孩子想像力最丰富的年龄期，如孩子到三岁时，就会与其他孩子一起玩假扮游戏了。当孩子6岁时，就会开始进行更为准确、更有组织的假扮游戏活动。父母无须担心太多的想象会导致孩子整天做白日梦或是爱说谎。儿童心理学家认为假扮游戏对儿童的精神及情感发育是健康的也是非常必要的。

要想使宝宝想像力丰富，父母就要创造条件使宝宝的脑海中积存丰富的常识体验。应给宝宝足够的时间去想象、思考和探索，鼓励宝宝玩想像力的游戏。这些都是孩子成长过程中十分重要的因素，它会使宝宝在童年时期真正过得像个孩子。

宝宝的观察力发展

大自然哺育了人类，人类离不开大自然。家长要给孩子从小渗透这种思想感情，让孩子尽情地去观察大自然！

随着孩子各方面能力的增强，应进一步更广泛地接触大自然，这是非常有意义的。

在让孩子观察时，家长要善于启发和诱导，让孩子带着好奇心理和浓厚的兴趣去观察；另外，还要善于用语言指导孩子观察，让孩子观察时有一定的目的、顺序，帮助孩子学习观察的方法，使孩子通过观察有所收获；家长在引导孩子观察、帮助他获得某些知识的同时，还要启发孩子去体验、欣赏自然界的美。

宝宝的社会交往

教育是一种双向的互动，父母当然是主导，家庭教育的成败，也就取决于父母的教育行为。解铃还须系铃人。解决“孩子难相处”的问题，应从占主导的父母做起。那种对孩子采取过分的种种“保护”措施，将孩子关在家庭的“保险箱”中的做法，严重地妨碍了孩子的身心健康发展。

交往是帮助孩子增长见识的最好途径。首先在家庭中，要让孩子“参政议政”，培养孩子说话的能力和习惯；其次，要让孩子进入自己的社交圈，以增长孩子的见识，培养孩子的交往能力，消除与人交往中的羞怯和恐惧心理，这样，孩子的身心和智能才能得到有益的发展。

宝宝的艺术教育

音乐与美术不仅可以陶冶孩子的性情，更可增强其学习能力，使他们变得更聪明。

2～3岁的幼儿开始出现音乐兴趣和音乐能力的萌芽。已具备了感受与分辨节拍的意识和能力，但由于其节奏调控与分辨能力初步发展，往往动作与音乐节拍不能紧密吻合；对于节奏和音高的反应也是粗略的、极

早教指导

◆学艺术的孩子更聪明◆

音乐与美术有微调大脑的能力，可促进大脑更加专注于其他种类知识的学习，且无论年龄大小，孩童均能从音乐与美术的学习中受益。尤其是音乐与数学间彼此有逻辑关联，更容易看出相互的影响。学习音乐和美术能协助人类建立情绪技巧，处理无法以其他方式处理的心理部分的问题。

现代幼儿艺术教育的指导思想是把艺术教育同心理学、教育学相结合，借艺术施教，借艺术培养幼儿的情感、智力、社会性和创造力。

不准确的。2～3岁幼儿的音乐听觉表象和记忆力有了较好的发展，但还未形成稳定的音程观念，往往在学唱歌曲时音准较差。

从这一年龄段开始，幼儿逐渐对真实的乐器发生了兴趣，首先会表现出对听乐器演奏音乐和录音的兴趣，然后会兴趣盎然地和成人一起敲击摆弄乐器，如小铃、铃鼓等。

宝宝的识字训练

经过教育、培养，二岁多的幼儿能一页一页地翻看自己感兴趣的图画书；会说几种日用品、食物或图片的名称；认识自己的名字、父母的姓名、职业等；能按顺序讲述3、4幅图画书的故事情节；结合日常用品、周围环境认识汉字，乐意欣赏现代诗歌、故事、童话及古诗词等不同体裁的文学作品，并能背诵一些简单的儿歌和古诗。

宝宝的童话天地

幼儿期正是大脑和脑神经细胞急剧发育的时期，故事中的人物形象、情节和语汇能迅速被接受并储存，与此同时进一步刺激大脑皮层的发育，每个人都会有这样的体会，近期的许多人和事都忘记了，可幼年时父母讲的一个故事或一件事却还记得很清楚。这就是人们所说幼小时的记忆特别好的原因。

25~27个月智力开发游戏

01 找出双胞胎

难易程度 ★★ 建议时间 15分钟

目标：让宝宝认识圆形、长方形、正方形、三角形等几何形状，从而提升宝宝的数学能力。

1.准备画有三角形、方形、圆形等各种形状的卡片。

2.在纸上画一种图形。

3.让孩子找出相同图形的卡片。

4.告诉孩子，这游戏叫做“找双胞胎”。

02 和手偶一起唱歌

难易程度 ★★ 建议时间 15分钟

目标：提高宝宝感受、辨别、记忆和表达音乐的能力。

1.将手偶套到孩子手上。

2.然后唱歌，最好是孩子熟悉的歌曲。

3.一边唱歌，手偶也一边舞动。

4.跟着音乐节拍晃动手，让唱歌变得更有趣。

03 编故事

难易程度 ★★★ 建议时间 30分钟

目标：提高宝宝的语言能力和想象力。

1.用图画书上的几个句子做基础来编故事，试着编出符合图画情节的有趣故事。

2.让孩子一边看着图画书，一边专注听妈妈说故事；比起现成的故事，妈妈编的故事情节更加有趣、生动。

3.让孩子边看图画书，边帮忙编故事，妈妈并说着：“哦，是这样啊！”附和他的话，孩子就能尽情地展开想象的翅膀。

早教指导

◆与父母交谈多的子女智商高◆

父母多与子女交谈，能提高孩子的智商，使其变得聪明伶俐。那些常受其父母交谈影响的儿童，在排除了社会经济方面及其它影响因素外，在三岁时经智商测试显示，其智商开发能力明显；而即使只有9个月的幼儿，也能保持有很高的智商优势。

04 少了什么呢

难易程度 ★★★ 建议时间 30分钟

目标：让宝宝掌握事物的特征、区分整体与部分的关系。

1.用蜡笔画出动物，并且故意少画它身上的一部分，像是缺了眼睛、耳朵或缺腿的图画。

2.让孩子看图找出缺少的部分，并补画出来。

05 手影

难易程度 ★ 建议时间 10分钟

目标：培养宝宝的空间想象能力。

1.父母用手做成兔子、飞鸟、马头等形状，让宝宝辨识。

2.父母还可以借助一些工具做出一定的动作，如小兔咬耳朵、鸟飞、马吃草、小鸭戏水等，激发宝宝的兴趣。

06 游戏帐篷

难易程度 ★★ 建议时间 15分钟

目标：培养宝宝的动手能力和自立能力。

建议：当孩子想拥有自己的空间，也了解要珍惜那个空间时，请帮孩子建造属于他的秘密基地。在孩子心情好或难过时就会到那里去。

1.竖立两根基柱。

2.将帐篷顶罩罩上后，两边固定在地上。

3.把孩子的东西放在帐篷里。

4.以涂鸦方式装饰帐篷内外。

07 贴画

难易程度 ★★ 建议时间 15分钟

目标：促进宝宝手眼的协调性和动作的准确性。

1.将图画纸分成两半，分别贴画出白天与夜晚的情景。

2.在色纸上画出“太阳、月亮、星星与跑着玩的小孩”后，剪下来。

3.和孩子讨论在白天这一边应该贴上“太阳”、“月亮”，还是“星星”。

4.如果孩子贴好“太阳”，再请他把“跑着玩的小孩”贴在适当的位置上。

5.在夜晚这一边，先将底色、建筑物、道路涂黑之后，请孩子说说看应该贴上“太阳”、“月亮”，还是“星星”。

6.请孩子在夜晚的天空中贴上黄色的月亮与星星。

08 制作风车

难易程度 ★★ 建议时间 15分钟

目标：锻炼宝宝的对称认知能力。

1.准备一张正方形硬卡纸、胶水、图钉、大头针和筷子。

2.和宝宝一起将正方形的卡纸分别对角折，然后用剪刀沿着对角线剪至三分之二处。再将卡纸的四个角折至中心，并用胶水粘住，然后再用图钉和大头针将风车固定在筷子上。

3.让宝宝拿着风车到处摆动，也可以到户外跑动，风车会随着风转动。

09 积木配对

难易程度 ★★★ 建议时间 30分钟

目标：训练宝宝对颜色、图形、数字的识别和分类能力，锻炼了宝宝手眼配合的能力，促进宝宝整体动作的进一步发展。

1.让孩子试着把外形相同的积木放在一起。

2.试着把同色的积木放在一起。

3.数数看各有几个。

10 滚呼拉圈

难易程度 ★★★ 建议时间 30分钟

目标：对宝宝的平衡感和调节能力有所发展。

1.像滚铁环一样，让呼拉圈在眼前滚动。

2.刚开始时，握着孩子的手一起做滚动的练习。

3.接下来，妈妈站到另一边，然后把孩子滚过去的呼拉圈朝孩子滚回来。

11 不停倒下的骨牌

难易程度 ★ 建议时间 10分钟

目标：提高宝宝观察能力，引导宝宝系统地思考。

1.把积木一一立起来，就像骨牌一样，然后让孩子把它推倒。

2.也可以在较低的地方排，然后滚球把骨牌推倒。

3.还可以让孩子用嘴"呼——"地把骨牌吹倒。

益智拓展

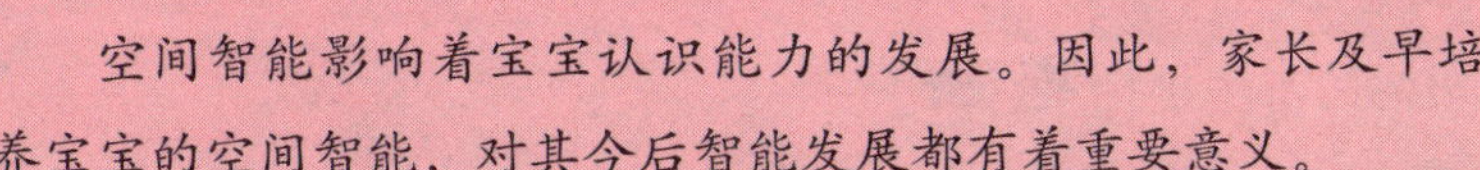

空间智能影响着宝宝认识能力的发展。因此，家长及早培养宝宝的空间智能，对其今后智能发展都有着重要意义。

2～3岁的宝宝，空间智能的发展要达到目标：这个时期的宝宝对色彩、大小、形状的掌握能力要强，也渐渐具有空间感，懂得利用不同形状的玩具进行堆叠，推垮。

12 用火柴做做看

难易程度 ★★★ 建议时间 30分钟

目标：提高宝宝精细运动能力，开发其创造力。

1.用火柴排出简单的数字。

2.在排数字5之后，再多拿两根火柴，要他排数字8看看，孩子虽然会先苦恼，不过应该还是可以排出来的。

3.也可以利用火柴排出汽车、火车或梯子等图形。

这个时候的孩子不会将什么东西都放进嘴巴里，所以火柴或牙签都是很好的玩具。在摆放小火柴的过程当中，不仅可以让手做更细微的动作，在摆放时，还能集中注意力，也能开发创造力。

13 手指钢琴游戏

难易程度 ★★★ 建议时间 15分钟

目标：锻炼宝宝手眼配合的能力，促进宝宝精细动作的进一步发展。

1.妈妈将两只手掌整齐地向上伸出来，然后将拇指屈起来，这样就是四指展开的样子啦！

2.先让孩子看看一根根的手指。

3.妈妈的右手食指是“Do”，中指是“Re”，无名指是“Mi”，小指是“Fa”(高音)。

4.妈妈的左手小指是“So”，无名指是“la”，中指是“Xi”，食指是高音“Do”。

5.先让孩子练习从低音“Do”到高音“Do”，唱的时候要碰触妈妈的手指，每碰一根指头就跟着唱其代表的音阶。

6.接着，妈妈跟孩子可以一起创作音乐喔！

14 用汽车画画

难易程度 ★★ 建议时间 10分钟

目标：培养宝宝的想象力与创造力。

1.把孩子的玩具车轮胎涂上颜料。

2.在图画纸上推动玩具车。

3.这样就跑出玩具车轮胎的痕迹喽！

4.也可以在机器人的脚底涂上颜料来画画喔！

15 问长问短

难易程度 ★★　建议时间 5～10分钟

目标： 宝宝在比较线条长短的同时，提升了宝宝的数学能力。

1.在纸上画长短两条线，问孩子哪条长哪条短；大人如有绘画能力可画点燃的一根长蜡烛，一根短蜡烛，问孩子哪根长，哪根短。

2.孩子答对后，把纸旋转90°，再问孩子哪根长哪根短。

3.再转45°、30°，让孩子对长短有深刻比较。

4.让孩子背儿歌：

短与长，量一量，
长的多一点，
短的少一点，
能短能长是弹簧。

16 怎么办

难易程度 ★　建议时间 5分钟

目标： 提高宝宝解决问题的能力。

1.教宝宝学习解决问题的办法。例如："饿了怎么办？"宝宝会说："吃饭。""用什么盛饭？""用什么把东西送到嘴里？""用什么削去果皮""果皮和垃圾都扔到哪里？"

早教指导

◆激发孩子的想像力◆

在购买玩具时，要考虑玩具可以提供多少种玩法。装配式玩具或积木更能激发孩子的创造力。不要买那些阻止孩子想像力或是有过多的现成附件的玩具。

对孩子看电视或玩计算机游戏应加以适当限制。多给孩子购买一些画画或写字的文具，鼓励孩子画画、读书或进行户外活动。

2.把平时的各种问题都留给宝宝自己去“解决”。

17 说说看

难易程度 ★　建议时间 10分钟

目标： 提升宝宝的逻辑思维能力。

1.大人有针对性地拿来些日用品，问孩子：杯子是用来喝水的，壶呢？运动鞋在运动时穿，雨鞋什么时候穿？铅笔是写字用，橡皮干什么用？晚上停电用什么照明？夏天穿单衣，冬天穿什么衣？全家谁的头发长？等等。

2.这类问题比比皆是，大人可信口提问，让孩子多开动脑筋，大有好处。

25~27个月运动游戏

01 蹲下跳起

难易程度 ★★★　建议时间 30分钟

目标： 提高身体灵活性，发展宝宝的肢体协调能力。

1.宝宝先蹲下来，双手握住脚踝，把头埋在双腿间，妈妈拍手说儿歌。

2.妈妈用手抚摸宝宝的头，并做点鞭炮的动作。

3.宝宝待妈妈做完动作后，慢慢放松身体，用力向上跳，同时嘴里发出“嘭”的声音。

02 单腿站

难易程度 ★　建议时间 10分钟

目标： 增强宝宝腿部力量，可以提高身体的平衡能力。

1.先选择一处较大的活动空间，妈妈做出单腿站立的姿势，还可以用手做出滑稽的动作引起宝宝的兴趣。

2.然后让宝宝学着做，妈妈可以在旁边扶着宝宝的手，让宝宝把一条腿慢慢抬起来离开地面，等宝宝站稳了再轻轻放开宝宝的手。

3.告诉宝宝把双手向前平伸可以帮助身体保持平衡，当宝宝能独立单腿站立5秒的时候，可以让宝宝换腿站立，并为宝宝鼓掌以示鼓励。可以逐渐延长宝宝单腿站立时间。

益智拓展

宝宝能自如地行走后就要进一步锻炼跑、跳等能力了，这时腿部力量的锻炼很重要。单腿站可以有效地增强宝宝腿部的力量及身体平衡能力。

03 家族体操

难易程度 ★★　建议时间 15分钟

目标：提高宝宝的运动能力， 并培养其音乐智能。

建议：早上是父母和孩子做体操的时间。如果在饭前做的话，孩子的食欲也会变得更好。若能配合音乐效果会更好。

1.先跟着音乐做体操。

2.编排爸爸妈妈和孩子能一起合作完成的体操动作，以孩子能跟着做的动作为主。

3.互相按摩彼此的肩膀、手部和脚部等。

04 反弹接球

难易程度 ★　建议时间 10分钟

目标：锻炼宝宝手眼协调性，促进宝宝肢体协调能力的发展。

1.妈妈宝宝面对面拿球站好。

2.妈妈说："宝宝，看妈妈拍接球了。"妈妈将球拍下，待球反弹时，双手接住。

3.妈妈说："宝宝，来一个。"宝宝学着妈妈的样子，拍球，接住。

05 火车钻洞

难易程度 ★　建议时间 15分钟

目标：练习宝宝跑和钻的动作，提高宝宝的运动能力。

1.在室内横拉一条绳子，高度到宝宝的肩部即可。

早教指导

◆玩水、玩沙、玩泥巴◆

父母带孩子到河边、江边、海边游览，可以引导孩子看看江河上的大桥、水上行驶的船只和两岸的自然风景。回到家里给孩子弄上一盆水和必要的材料，如硬纸、泡沫玩具。让孩子把这些东西放在水里玩起来，

孩子定会玩得很满足。父母还可以在休假时给孩子挖些黄泥来和孩子一起玩泥巴，可以用泥捏成各种小动物、小植物、小玩具等，在玩这些东西时，孩子可以充分发挥他的想象。

2.家长带着宝宝跑，两臂屈肘前后摆动，学开火车的动作。

3.跑到绳前，家长喊："呜——！火车要钻山洞了"，然后弯腰钻过绳子继续向前跑。

06 纸做的垫脚石

难易程度 ★★★ 建议时间 30分钟

目标：提高宝宝肢体协调能力。

1.将几张画有动物、水果或写着数字的纸散放在地上。

2.在房间里踩着纸走来走去。

3.若有人喊某个图案或数字，其他人就必须跨过画有那个图案的纸。

07 吊单杠

难易程度 ★★ 建议时间 15分钟

目标：增强宝宝的手部力量，可以提高身体的平衡能力。

1.让孩子举起两手抓住单杠。

2.用手托住孩子的腰，轻巧地帮他吊在单杠上。

3.因为孩子无法长时间支持，所以手要在孩子腰部附近随时待命。

08 投进垃圾桶

难易程度 ★★　建议时间 15分钟

目标：有利于宝宝手指协调能力的开发。

1.用色纸装饰家中的垃圾桶，分配好“我的”、“妈妈的”、“爸爸的”。

2.将垃圾桶靠墙并排。

3.将废纸揉得像球一样，让孩子站在有点距离的地方投球。

4.比赛看谁的桶先投满。从现在起，即使不特别指导孩子，他也会好好地将垃圾丢进垃圾桶。

滚彩球

难易程度 ★★★　建议时间 30分钟

目标：训练宝宝的手眼协调能力。

1.准备好几个纯净水塑料空瓶，还有几支水彩笔、几张彩纸、一个皮球、一个空纸盒子。妈妈先在彩纸上写一些数字或汉字，分别放入塑料空瓶中。然后把瓶子按一定距离并排放好，妈妈先做示范，把皮球滚过去撞瓶子。之后妈妈再引导宝宝在离瓶子1米的地方蹲下，滚动皮球，努力把瓶子撞倒。

2.每当宝宝撞倒一个瓶子，妈妈就要让宝宝把撞倒的瓶子中的彩纸取出来打开，让宝宝认一认上面写的数字或汉字。如果宝宝认对了，妈妈要给予奖励；错了，妈妈要耐心把答案告诉宝宝。

益智拓展

锻炼宝宝的手部力量和反应的敏捷性，为宝宝的运动智慧进一步发展打好基础，而且能让宝宝在玩中学习汉字和数字。

和爸爸摔跤

难易程度 ★★　建议时间 15分钟

目标：提高身体灵活性，发展宝宝的肢体协调能力。

1.爸爸在腰间绑上布条，并帮孩子也在腰间绑好布条。

2.爸爸可以突然一下子把孩子提起再放下。

3.孩子要将爸爸撂倒时力气会不够，爸爸应顺势而倒。

4.当孩子“撂倒”爸爸时，妈妈做为裁判应鼓掌且欢呼加分。

11 踢足球

难易程度 ★★ 建议时间 15分钟

目标：发展宝宝的腿部肌肉和身体平衡能力，发展了宝宝的肢体协调能力。

1.爸爸站在一侧，双腿稍分开，胯下当作球门。

2.妈妈先拿着球，告诉宝宝训练规则。鼓励宝宝把球踢进“球门”。

3.让宝宝站在爸爸对面，距离为1米，启发宝宝将球踢进“球门”。

4.当宝宝的球进入了“球门”时，妈妈要欢呼，激起宝宝的兴趣。

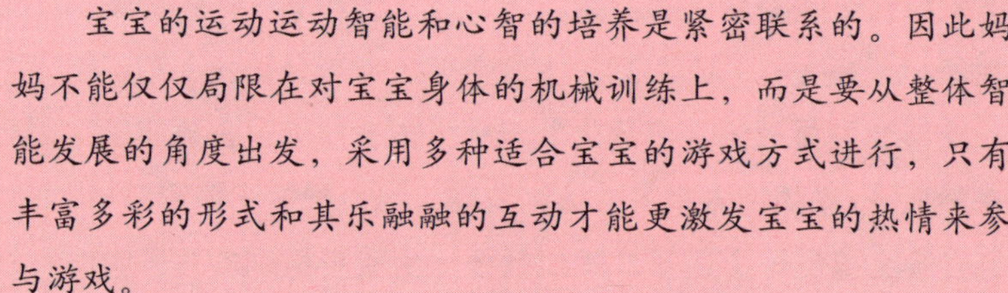

益智拓展

宝宝的运动运动智能和心智的培养是紧密联系的。因此妈妈不能仅仅局限在对宝宝身体的机械训练上，而是要从整体智能发展的角度出发，采用多种适合宝宝的游戏方式进行，只有丰富多彩的形式和其乐融融的互动才能更激发宝宝的热情来参与游戏。

12 和宝宝一起钓鱼

难易程度 ★ 建议时间 10分钟

目标：发展宝宝的手部控制能力。

1.妈妈要先准备好积木，以及各种颜色的回形针和纸，还有带吸铁石的钓鱼竿。

2.要用各种颜色的纸做成大小不同的“鱼”，在每条“鱼”身上别上回形针，并用积木把“鱼”围起来，引导宝宝让钓鱼竿上的吸铁石碰到“鱼”身上的回形针，把“鱼”钓上来。

3.钓完后，让宝宝数一数自己共钓

了几条“鱼”，每种颜色的“鱼”有几条，哪种颜色的鱼最多，哪种颜色的鱼最少。

益智拓展

通过让宝宝抓住钓鱼竿，控制钓鱼竿，将“鱼”钓上来，能够发展宝宝的手眼协调能力和手部控制能力，同时还能增强宝宝对颜色、大小、数量的感知。

13 钻桌子

难易程度 ★★　建议时间 15分钟

目标： 增加宝宝身体的灵活性。

1.利用家中能钻过去的桌子，写字台(凡是孩子能从底下钻过去的)，可让孩子钻一钻。

2.开始，孩子目测能力差，难免碰头绊脚，大人可帮一下，别让孩子磕碰着。

3.并唱儿歌：

宝宝钻桌桌,妈妈摸一摸，
可别碰大头，碰了大头了不得。

25～27个月语言游戏

01 纸杯电话

难易程度 ★　建议时间 10分钟

目标： 训练宝宝的听力与表现能力，强化宝宝的注意力。

1.将纸杯底部钻洞后用线连接做成纸杯电话。

2.让孩子把纸杯电话放在耳朵旁，妈妈则模仿动物的声音。

3.让孩子说说看是哪种动物的声音。

4.借由线所传达的妈妈的声音将会充满在孩子耳中。

5.相同的，也请孩子模仿动物的声音给妈妈听。

02 礼貌游戏

难易程度 ★★★ 建议时间 30分钟

目标：帮助宝宝掌握基本的社交规则和礼仪，并通过成人的积极反馈得到巩固和加强。

1.把东西拿给孩子时，教他说："谢谢!"

2.当孩子把东西交回给爸妈时，也向他说："谢谢。"

3.早上起床亲孩子脸颊时，妈妈先问他一声："睡得好吗？"

4.也可教孩子，如："早安"、"拜拜"、"晚安"等用语。

5.父母平常就重视基本的礼仪教育的话，孩子一定能养成正确的礼节习惯。

03 造句

难易程度 ★★ 建议时间 15分钟

目标：提高宝宝的语言智能。

建议：这一时期的孩子开始发展造句的能力，可试着让孩子用认识的字或词做简单的造句。

1.进行游戏：妈妈说出主语的话，孩子就要接动词；反之亦然。

2.妈妈说："小球"，孩子就说："滚过去"。

3.妈妈说："小鸟"，孩子说："飞"。

4.妈妈说："蹦蹦跳"，孩子就说："兔子"。

5.反复进行这个游戏的话，孩子就能渐渐领会主语与动词之间连贯的关系，对孩子发展造句能力有很大的助益。

04 语言的掌握

难易程度 ★★ 建议时间 15分钟

目标：提高宝宝的语言能力。

1.大人领孩子出去玩，见到他的小伙伴骑一辆新脚踏三轮车。

2.大人应该问："萌萌骑的是新三轮车吗？"孩子要答复："爸爸，他骑的是新三轮车。"

益智拓展

对于1～3岁宝宝来说，语言智慧主要体现在以下几个方面：喜欢听各种声音，对声音比较敏感；喜欢模仿他人的声音和语言；喜欢讲话，词汇丰富；喜欢阅读各种图片；喜欢听故事和儿歌；喜欢拿笔涂涂画画。宝宝语言智慧的形成主要依赖于后天的教育和练习。培养宝宝语言智慧，还能带动和促进其他智慧的发展，最终使宝宝得到全面发展。因此，家长从小开始注重对宝宝语言智慧的培养十分有必要。

05 练习吐字

难易程度 ★★★ 建议时间 30分钟

目标：训练宝宝吐字清楚，发音准确。

1.反复念下面这首儿歌：

山上一只虎，
林中两只鹿，
圈里三头猪，
草里四只兔，
洞里五只鼠，
让你数一数，
虎鹿猪兔鼠。

2.适当教孩子一些简单的绕口令，可以达到上述目的。

06 悄悄话

难易程度 ★ 建议时间 10分钟

目标：说悄悄话有助于宝宝学着去调节声调，这是声音意识的一个重要方面。说悄悄话还能让宝宝集中注意力。

1.和宝宝说些悄悄话，如："咱们看书吧！"

2.让宝宝说悄悄话给你听。

3.不断地互相说悄悄话，直到使宝宝知道怎样将自己的声音调节得很轻柔。

07 说完整话

难易程度 ★　建议时间 10分钟

目标：提升宝宝词汇的丰富性，锻炼其语言反应能力，从而提升宝宝的语言能力。

1.教宝宝学说有主语、谓语和宾语的完整句子。如：“我看见妈妈了。”“爸爸上班去了。”等等。

2.还可以教宝宝使用一些简单的形容词和副词，如：“我要红色的笔。”“我最喜欢小狗。”等。

3.这些形容词要简单、形象，是宝宝在生活中最常见到的。

早教指导

◆纠正发音的关键期◆

这时期孩子不仅能听懂简单的指令，还能听懂一些比较复杂的要求。注意倾听的时间逐渐延长，理解问题的能力明显增加。因此，父母在这一时期要训练和培养孩子有重点地倾听一些较复杂的要求和指令。听指令可由慢而快，由简单到复杂，由相同指令到不同指令，由一项指令到多项指令，难度逐渐增大，语句逐渐增长。

为提高孩子倾听的精确程度，还要训练孩子集中精力安静地倾听，对容易发错的字音要反复地让孩子倾听。父母也可以和孩子做5个字的传话游戏以达到传语无误，使孩子的倾听技能逐渐加强和提高。

28～30个月益智游戏

28～30个月宝宝智力与训练

这个阶段的宝宝

这个年龄阶段的孩子，体格生长仍处于较慢的衡速生长期，但心理发育的速度却加快了。这段时期仍是小儿口语发育的关键期，孩子说话和听话的积极性都很高，语言水平也进步很快，掌握了基本语法结构，词汇量和句型也在迅速扩展，爱听故事、儿歌、诗歌等。注意力和记忆力也较之前有所提高。

这时期的孩子个性逐渐显露，在自我意识发展的基础上，儿童的自我评价及道德品质开始有了初步的发展，能够判断“好”与“不好”、“对”与“不对”，并能用语言来控制和调节自己的道德行为。由于语言和动作发展日渐成熟，认识范围不断扩大，好奇心和求知欲不断增强，因此，孩子很愿意与小朋友一起玩。

宝宝的语言发展

这段时期是幼儿的第一个发问期，幼儿的注意力几乎都集中于记忆各种东西的名称，所以会有许多的“为什么”。

孩子在2～3岁时，发音器官逐渐完善，语音知觉的辨音、变调能力有所提高，这时期是矫正发音的关键期。

幼儿在此之前的词汇能力大约有200～300个字，他对学习生字相当有兴趣。当向他解释一些事情时，他会仔细听。他的注意力现在可以持续较久，他可能仍然口齿不清，但其语言的流畅性及信心会随时间而增加。

宝宝的动作发展

小儿运动技巧也有了新的发展，会跑、攀登、钻爬，两手也更加灵活，能玩些带有技巧性的玩具。

宝宝的情感交流

幼儿出生后约3个月，还不具有兴奋、愉快或不愉快等不同的感情。但是，孩子6个月大时，明显的就会有发怒、嫌恶、恐惧等不同的反应。1～2岁时，孩子能感受到母亲或其他人对他的爱，同时也会有得意、高兴、妒忌心等等的表现。大约过了二岁之后，孩子的感情便和成人一样的敏锐了。

孩子的一切行动，几乎都是为了要满足他各方面的欲望。同时，也懂得避免任何的恐惧感及不满的情绪。为了让母亲或是周围的人知道他的要求及喜好，他将使用感情的讯号，例如哭、笑、发怒等来代替还不流利的语言。父母或周围的人，应重视孩子所发出来的感情讯号。

宝宝的个性发展

不同家庭的教育方式，会导致孩子的不同个性。孩子的个性大多在三岁左右就已经形成了，因而良好个性的培育，必须从小抓起。

幼儿时期是良好个性塑造的最佳时期，应抓住这个关键时期进行培养，能够有助于儿童保持身心健康的发展，有助于促进个人事业上的成就，将来为社会作出更多的贡献。

宝宝的思维能力发展

孩子在认识事物时，都是将各种印象以图的形式印入右脑，而且将相似的排列在一起。所以，在他认出各种东西的特点的同时，也会发现与其他近似物相同之处而形成概念。

善于思维的孩子能更快地掌握知识和认识周围的世界。因此家长从小就应注意培养孩子的思维能力。

周岁前的婴儿，尚未真正出现思维活

早教指导

◆及早发现宝宝的音乐天赋◆

具有音乐智能的宝宝，满月后对各种物体的声音，如钟摆声、洗衣机声、摇铃声等很感兴趣，听到音乐会立即不再哭闹。发音比同龄宝宝早，手指较长，尤其是食指和无名指。百日之内基本上能发出简单的a、u、i、e、u等5个元音音节。周岁左右能全神贯注地聆听乐曲，并能对欢乐、悲哀等曲调做出反应。三岁以内基本上能辨别高音、中音、低音音域，并能唱歌和自行弹奏乐曲，具有很强的音乐模仿力和辨音能力。

动。而随着孩子语言的发展。一岁以后便出现了简单的思维。在三岁前，动作思维是孩子思维的主要特征，即思维离不开动作。

宝宝的艺术发展

幼儿的艺术教育，不仅有画、做、唱、演奏、跳舞等实际操作活动，而且有欣赏活动。欣赏艺术是一种精神享受，同时潜移默化地影响着人的心灵，陶冶着人的性情。

宝宝的认数能力

单纯的数字对于三岁前的孩子来说是极其抽象的，因而他根本无法掌握数字的抽象意义。对“数”的认知仅局限于辨数、认数。

比较是抽象的思维活动。然而2～3岁孩子的思维是以形象思维为主。父母应利用一一对应的形象思维方式，教孩子学会比较，如上下重叠，一一对应，并排放置对应等。教孩子学会感知事物的多少、大小，为充分理解数的概念打下良好的基础。

宝宝的数学教育

学习数学不仅能极大地提高孩子的抽象思维能力和空间想像能力，而且培养孩子专注、爱钻研的性格品质，父母应对孩子进行早期数学教育。但数学属于抽象性极强的知识，而幼儿的抽象思维能力尚未发展起采，这就要父母掌握科学的数学教育方法。

2~3岁幼儿能点数1、2、3，能取出3个以内的物品；知道“广”和“许多”；认识红的、黄的、绿的；能进行简单分类，把一样名称的物品归在一起，把一样颜色的归在一起；能指认2个物品的大小、长短；知道自己的前、后、上、下；认识圆形、方形、三角形；认识白天和晚上。

2~3岁的幼儿能点数少量物品，这是学数的突破；但该阶段孩子的思维能力差，难以进行数目的抽象概括。因此家长千万不要强迫幼儿去念数、背数，一定要配合实物，教幼儿边指边数。对孩子进行认数目的训练，是教幼儿能按数目取物的基础，这些内容家长要在日常生活中、在游戏中指导幼儿练习。

宝宝的想像力发展

想象力的产生过程是孩子成长的重要过程，它能促进孩子观察力的发展，使他对周围事物产生好奇心，并进行探索和研究。

对感兴趣的东西，孩子的想像往往更活跃。在孩子对于某事物一无所知时是不会对其发生兴趣的，因为脑子处于关闭状态就难以引起思维。孩子对有颜色，有声音，能活动的东西感兴趣，也对大人常常用的东西感兴趣。

28~30个月智力开发游戏

01 开火车

难易程度 ★★ 建议时间 15分钟

目标：提高宝宝的空间认知能力和数学能力。

1.在三个空鞋盒上按顺序写上1、2、3，并将三个盒子连结在一起，形成一列火车。

2.然后让宝宝取三个玩具动物，假装小动物们正在排队等待上火车。

3.让宝宝看清，哪个小动物排第一，哪个小动物在中间，哪个小动物排在最后。

早教指导

◆选择玩具不要带性别色彩◆

对孩子表现出的性别上的差异，父母不必太在意，更不必刻意强化。传统的性别角色，很可能会伤及或限制发展中的幼儿，因此父母有必要突破性别角色的限制，给幼儿更自由开放和自主的环境。在玩具的选择上，父母不要认定哪种玩具是男孩玩的，哪种是女孩玩的，应当鼓励依其意愿、依玩具所能发挥的功能去选择。

4.当火车开过来时，让宝宝将动物放在所对应的车厢中，火车开走。

02 配对

难易程度 ★★★ 建议时间 15～30分钟

目标：培养宝宝的观察和分析能力。

1.从已经熟认的物品和图片开始，先找出2～3种完全一样的用品或玩具，如两个一样的瓶子，一样的积木，一样的杯子乱放在桌上。

2.妈妈取出其中两个一样的东西摆在一起，说："这两个一样"，鼓励宝宝找出第二对和第三对。

3.再找出以前学习认物的图片，先选择3对乱放在桌上，请宝宝学习配对。

4.以后一面学习新的物品和图片一面作配对，渐渐增加要配对的图片，使宝宝能从10、12、14、16、18、20张当中将图片完全配成对子。

03 按颜色分类

难易程度 ★★★ 建议时间 15~30分钟

目标：巩固宝宝对颜色的记忆能力，提升宝宝的视觉记忆能力。

1.父母准备8张正方形彩色卡片(红、绿、黄、蓝色各两张)，将卡片平放在桌子上，使每张都能看得见。不必按正常的顺序摆放。

2.父母拿出一张红色的正方形卡片，问宝宝："这张是什么颜色?"

3.待宝宝回答后，再问他："能指出另外一张红色的卡片吗?"

4.宝宝指出来以后，再让宝宝把两张红色正方形卡片都放在一起。

5.对四种颜色的正方形卡片都重复一次以上的玩法，然后再将8张卡片混合起来，问宝宝："能将相同颜色的卡片一对一对地摆好吗?"

宝宝是按颜色、形状、大小来区分周围的物品的，颜色是上面三种属性中最容易辨认的一种，因此分类训练最好从颜色开始。首先要求宝宝辨别明显不同的颜色，对于颜色的深浅和光泽的细微差别的区分要在年龄大一些的时候开始。

04 谁会飞

难易程度 ★★★ 建议时间 10~20分钟

目标：提高宝宝将事物进行分类的意识，促进智力发展。

1.找一些画有动物的图片，让宝宝指出哪几种动物会飞，并说出动物的名称和飞翔的特点。

2.再找一些画有交通工具的图片，让宝宝指出哪几种会飞，并说出其名称。

3.最后再让宝宝自己想想他知道的东西中还有什么东西会飞，比如，人坐在飞机上也会飞，球被踢起来也会飞，等等。

05 说动词

难易程度 ★★ 建议时间 15分钟

目标：让宝宝理解语言与动作的关系。

1.和宝宝一起玩猜动作的游戏。

2.你做各种动作，如举手、踏脚、踢、跑、跳、背、推、拉等，每做一个动作，让宝宝说出你在干什么。

3.然后你可与宝宝调换角色，他做动作你来猜。

06 童话中的主角

难易程度 ★ 建议时间 10分钟

目标：开发孩子的创造力和表现能力。

1.可以问孩子：“很久很久以前，有一只兔子，它因为要跟朋友见面而出门——它是怎么跳的啊？”

2.孩子会蹦蹦跳跳地跳着，然后回答：“蹦蹦跳跳地跳着喔！”

3.孩子回答之后，妈妈就可以继续讲故事了！

07 拼图游戏

难易程度 ★★★ 建议时间 15～30分钟

目标：发展宝宝的观察、注意、思维等能力。

1.搜集旧贺年卡3～4张，选宝宝熟悉的动物图片，不但了解其名称，还要熟悉各部位的名称。如大象图片要熟悉它的头、鼻子、腿、身体、尾巴等。

2.用硬纸贴在背面使图片加厚。在图中将主要人物或物品的重要部位切开，使图卡分成2、3、4片不等。

3.先取分成两片的图卡让宝宝试拼，如果不会可以示范一次。宝宝自己试拼切分成3～4片的图卡。

4.最后将所有碎片完全混合，让宝宝独立将每一种图片拼好。

08 水杯木琴

难易程度 ★★★ 建议时间 15分钟

目标：提高辨别声音高低的能力，从而发展宝宝的音乐智能。

1.准备几个玻璃杯，各注入不同量的水。

2.用竹筷敲敲看，会发出非常优美的声音喔!让孩子仔细听听看。

3.也可以配合孩子熟悉的歌曲来敲水杯。

09 画方形

难易程度 ★★★ 建议时间 15分钟

目标：锻炼宝宝手的灵活性，提高宝宝的认知能力。

1.在宝宝会画“十”字的基础上，同宝宝一起学画方形，用方形来画各种有趣的图画，如旗子、车站路标、汽车等等。

2.让宝宝画出一个直角，不是圆角。

3.宝宝学会画“十”字和方形后就可以学写方形的简单汉字了，如口、日、白、田、只、右、石等。

早教指导

◆培养孩子的思维能力◆

信息是思维的源泉，孩子掌握的信息越多，其思维的效率就越高。所以家长要努力拓宽孩子的视野，带孩子郊游、参观，多参加各类集体活动，这些都有助于孩子丰富知识和语言，提高信息量。

同时，家长也要抓住生活中的各种机会，多向孩子提问，设计问题让孩子来解决，如孩子的玩具坏了，家长可以引导他自己想办法修好。总之，每天让孩子认识一种事物，解决一个小问题或完成一项任务，都能起到发展孩子思维能力的作用。

10 找找另一半

难易程度 ★★　建议时间 15分钟

目标：锻炼宝宝的记忆能力。

1.将画有动物的图片剪成两半，可以使用影印的图。

2.不要只是以直线的方式把图剪开，可以剪成多种不同的形状。

3.让孩子把剪成两半的图片拼拼看，看看原来是什么动物。

4.将图画沿着剪下的线贴起来，就恢复原来完整的图喽！

11 秤的游戏

难易程度 ★　建议时间 10分钟

目标：培养宝宝的认知能力，激发宝宝的想象力。

1.准备密度和重量不同的物品及秤。

2.在称重量之前，先让孩子说说看，这个东西有多重。

3.接下来，就直接测量重量。

4.把东西放上去时，会看到秤的指针在跳舞喔！

5.指导孩子看指针的方法。

12 图画记忆

难易程度 ★★★　建议时间 15分钟

目标：锻炼宝宝的视觉记忆能力。

1.让孩子仔细地看图画书中的一页一会儿。

2.合上书后，让孩子说明里面的内容。

3.可以说画面中的颜色、角色的动作，还有背景喔！

4.第一次，孩子也许无法将内容说得很好，但是时常练习的话，孩子的记忆力会增强，观察力也会变好。

13 散步

难易程度 ★　建议时间 30分钟

目标：促进宝宝嗅觉、视觉、听觉、味觉、触觉等感觉统合的发育，有助于宝宝身心健康地发展。

1.秋天的午后，漫步于满是枫叶的小路，景色和气味随心情而变换。

2.静静地倾听踩着枫叶所发出的声音。

3.将形形色色的枫叶当成有颜色的星星带回家。

4.闻一闻枫叶的气味，可以感觉到树木的呼吸。

5.抓起一把枫叶，往空中抛撒。

6.玩“剪刀、石头、布”的游戏，赢的人可以拿走枫叶，看看谁是最后的赢家。

益智拓展

大自然是增长孩子知识，开发孩子智力的好课堂。对每个年龄阶段的孩子来说，大自然中都有取之不尽、用之不竭的丰富知识。家长要根据孩子的年龄和心理特点，同时结合季节的变化，因地制宜地带孩子走进大自然。

14 扣衣扣

难易程度 ★★　建议时间 10～15分钟

目标：培养宝宝手的控制力和生活自理能力。

1.当孩子能配合大人给他穿衣服时，前边的扣子就让他自己扣。

2.大人先做示范，把扣的方法教会他，同时给他讲下面的故事，引进童话的世界。

3.大人讲：扣眼又叫扣门，是一道门，小扣子长得太胖了，想走进这道门，就是挤不进去，让宝宝帮帮它吧，先把门打开，让小扣子侧着身挤进去。这小胖扣子呀就走进扣门了。下次小胖扣子再进门时就让小宝宝帮助吧。小扣子一定会说：“小宝宝，谢谢你。”

15 包装礼物

难易程度 ★★★ 建议时间 15分钟

目标：锻炼宝宝手指的灵活性，促进孩子脑力开发。

1.给孩子看包装得很漂亮的礼盒，引起孩子的好奇。

2.对孩子说：“一起来包装礼物吧！”游戏开始喽！

3.孩子剪好纸张后，妈妈协助孩子，让他能将包装纸覆盖在箱子上，并做折叠的动作。

4.妈妈先在纸上留下折痕，也可以帮助孩子喔！

5.让孩子用胶带将包装纸的开口处一一粘贴固定。

6.让孩子将装糖的纸盒包好，送给好朋友当作礼物。

28~30个月运动游戏

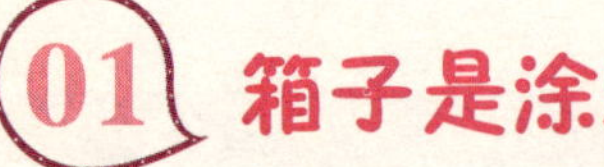

01 箱子是涂鸦板

难易程度 ★★★ 建议时间 15分钟

目标：促进宝宝大肌肉群的发育，促进运动智能的发展。

1.在盒子或箱子外面贴上图画纸。

2.让孩子在上面写认识的字或画图。

3.孩子在玩箱子和涂鸦时，会让孩子再看见自己写的字和自己画的图喔！

4.做出几个像这样的箱子，还可以搭积木呢！

02 盖房子

难易程度 ★★★　建议时间 15分钟

目标：锻炼宝宝的空间想象力和动手能力。

1.和宝宝坐在地上，再放些可拼搭的积木。

2.用3～4块积木搭一个简单的建筑物。

3.如果宝宝还没有开始自己搭东西，鼓励跟你学着做。

4.如果宝宝对于搭建更为复杂的建筑物感兴趣，放手让宝宝去做。

5.在宝宝搭的建筑物上放些塑料动物和小人。

03 妈妈念，我翻页

难易程度 ★★　建议时间 10分钟

目标：训练孩子手指的灵活度。

1.妈妈读童话书给孩子听。

2.读完一页后，给孩子必须翻页的信号，如：发出像“呼拉”或“叮咚”等有趣的声音。

3.孩子不仅享受着听故事的愉快，还会沉浸于翻页的趣味当中。

益智拓展

父母给孩子购书时应注意：图画书的画画应制作精良；书的内容对孩子来说不应是完全陌生的；在孩子生活环境变化之前，为孩子选择有针对性的读物；买书的时候，最好带着孩子一起去，并告诉孩子：“你书架上的书就是从这里买的”。培养孩子对书店的好感。

04 海滩球游戏

难易程度 ★　建议时间 5～10分钟

目标：提高宝宝综合运动能力。

建议：海滩球很轻且颜色很漂亮，是适合让孩子玩的球。

1.和爸爸一起玩“将球往脑后丢”的游戏。

2.往头部丢，球"咚"一声弹开后，因为不知道球到哪儿去了，感觉很好玩；可让孩子再丢一次。

3.往地上用力丢，让球弹开后超过孩子的头部，孩子会为了抓住球而蹦蹦跳跳。

05 抓大拇指游戏

难易程度 ★★★ 建议时间 15分钟

目标：锻炼宝宝与妈妈动作配合协调能力，也是训练宝宝对他人行为作出积极回应的能力。

1.双方左手的手指互勾。

2.这是一种移动大拇指，并且将大拇指压在对方大拇指上的游戏。

3.每当移动手时，连身体也不知不觉地跟着移动。

06 扔沙包

难易程度 ★★ 建议时间 10分钟

目标：训练身体平衡力和运动能力。

1.给孩子做几个沙包，在距离3米处画一直径30～50厘米的圆圈，脚下画一直线，在直线后面让孩子向圈里扔。

2.也可设一纸箱，让孩子向纸箱里扔。扔进去要表扬鼓励。

3.大人还可参与，和孩子比赛，这样可增加孩子兴趣，玩的时间长一些。

4.还可多做几个沙包，邀请几个小伙伴一起玩就更好了。

早教指导

◆走花坛边的益处◆

让孩子走花坛边，可以纠正孩子不良的走路的姿势，同时有利于足弓的形成及韧带肌肉的发育，增加腿部力量，还可以使孩子的平衡能力得到锻炼。

家长还可以利用花坛边，让孩子练习"往下跳"的动作，从而为以后参加各类体育活动打下基础。

07 上攀登架

难易程度 ★★ 建议时间 30分钟

目标：锻炼宝宝用双臂支撑自己的体重。

1.准备一个三层的儿童攀登架，每层之间距离约为12厘米。家中也可以利用废板材或三个高度相差10～12厘米的大纸箱，两面靠墙，制成攀登架。

2.把攀登架固定好后，父母引导宝宝先用上肢攀着上面的支架，再倒脚上架，攀到架子的顶上。妈妈要告诉宝宝攀登如何用力，如攀登时手脚要同时用力支撑体重，要利用胳膊的力量向上攀登。当宝宝攀登到顶上后，由妈妈帮助宝宝转身，再从上面攀爬下来。

3.刚开始的时候，宝宝可能会因为恐惧而不敢攀爬，妈妈可以先让宝宝爬上一个纸箱，等克服了恐惧以后，再接着攀爬。

4.宝宝能熟练攀爬后，妈妈可以和宝宝进行攀爬比赛，看谁先爬上去。

益智拓展

宝宝在攀爬时，不知不觉就会用单一肢体支撑体重，或利用一个肢体的攀登使身体跳跃到某个高度，同时练习了保持身体的平衡，提高了肢体的协调性。

08 装扑克牌

难易程度 ★ 建议时间 10分钟

目标：发展宝宝手部动作的协调性和灵活性。

1.备两个牛皮纸信封，剪去封口纸，跟孩子说："咱们给姥姥寄扑克牌，你寄10张，我寄10张，现在我们把扑克牌装进信封里。"

2.给孩子10张扑克牌。先让孩子看大人怎么装，如把信封平放在桌子上，一只手掀开信封口，另一只手拿扑克牌往里装。

早教指导

◆怎样及早发现宝宝的舞蹈、体育天赋◆

具有舞蹈、体育智能的宝宝，通常表现出活泼、好动、反应敏捷等特征。在力量表现、技巧性，柔韧性、灵活性方面比同龄宝宝强。在哺乳期具有翻身早、直立行走较早等特征。尤其是具有舞蹈天赋的幼儿，其颈部、腿部、臂部、跟腱部比一般婴儿要长，这是很重要的先天素质之一，另外，具有很强的模仿性和掌握舞蹈技艺的能力，对音乐乐感和节奏感掌握较快。具有舞蹈天赋的幼儿，在三岁前就能对电视、电影当中的舞蹈节目表现出浓郁的兴趣，较易受到感染。可以即兴表演，舞蹈语汇丰富。

3.或一只拿着信封(切记手指头不能挡住信封口)，另一只手装。

28~30个月语言游戏

01 发餐具

难易程度 ★★ 建议时间 10分钟

目标：培养宝宝的语言及观察能力，提高宝宝的表达能力。

1.用餐前，让宝宝来完成分餐具的工作。

2.教宝宝一边分餐具一边说："这是爸爸的一只碗。""这是妈妈的一只碗。""这是宝宝的一只小碗。""这是爸爸的一双筷子""这是……"

02 词语接龙

难易程度 ★★ 建议时间 15分钟

目标：提升宝宝词汇的丰富性，锻炼其语言反应能力，从而提升宝宝的语言能力。

1.告诉宝宝训练规则。就是用前一个词的后一字做为下一词的前一字。如果宝宝还不能完全理解，要给予示范。

2.父母说一个词，引导宝宝接着末字再说一个词，如“上学—学校—校长—长大……”看看宝宝能说多长。

许多训练都可以用“接龙”的方式，如“绘画接龙”：一个主题大家接力画；“数字接龙”：1—3—5……“故事接龙”：从前有一个猎人……“动物接龙”：四只脚的如狮子—老虎—大象……空中飞的如老鹰—鸽子……

03 小小故事家

难易程度 ★★★ 建议时间 15分钟

目标：培养宝宝的语言表达能力与会话能力。

1.准备宝宝喜欢的图画书、各种颜色的碎布块、马克笔、胶水、剪刀，以及黑板；从图画书中选取要制作的角色，用碎布剪出这些角色的图案；再用马克笔画上角色的细节部分，如眼睛、嘴等。

2.然后妈妈和宝宝面对着黑板坐下，把做好的角色贴到板子上。妈妈可以用手拨动角色，使其形象更生动。

3.引导宝宝尝试说出这个故事。宝宝讲出来后，妈妈要赞扬宝宝。

04 倒着说词语

难易程度 ★ 建议时间 10分钟

目标：锻炼宝宝语言思维的敏捷性。

1.准备一些宝宝熟悉的玩具，如玩具汽车、玩具手枪、积木、皮球等。

2.妈妈拿出玩具，对宝宝说：“今天我们做一个游戏，看看谁说得对。”妈妈先让宝宝依次说出玩具的名称，然后，妈妈说出玩具的名称，一个顺着说，一个倒着说，交替进行，让宝宝判断对错。如“皮球”，妈妈说成“球皮”，让宝宝纠正妈妈。

3.妈妈引导宝宝也顺着说和倒着说交替进行，让妈妈判断对错。

早教指导

◆怎样进行早期数字教育◆

物化法：孩子学习的显著特点是直观性强。数虽然是抽象的，但都是在具体事物的基础上概括出来的。教幼儿数学要从具体直观入手。孩子会说话后要经常教他数东西，通过数具体的事物让孩子逐渐理解数的概念。

比较法：孩子会数数后，父母经常让孩子辨别生活中所见的各种事物度与量的差异，如苹果的大小、铅笔的长短、人的高矮胖瘦、树的粗细、道路的宽窄远近等。并经常让孩子分轻重，辨上下前后等，通过这些活动让孩子形成度与量的概念。

游戏法：游戏法是对孩子进行数学教育的最好方法之一，可收到事半功倍的效果。可用石子、象棋子、围棋子、火柴等物品让孩子在桌上玩数学游戏，让孩子在不知不觉中学习。

分配法：父母要经常让孩子参与分配东西。吃苹果让孩子分给全家，吃饭让孩子分配碗筷等。让孩子从一一对应的活动中体会数理关系。

分类法：让孩子常做分类游戏。通过分类游戏，让孩子慢慢建立起数群、集合的概念。

05 看图讲故事

难易程度 ★★★ 建议时间 15~30分钟

目标：引导宝宝说话，促进宝宝语言交流的能力。

1.先让孩子看图，大人问："那个姐姐在干什么？""拾到东西交给警察叔叔。"

2."她应该和警察叔叔怎么说？""叔叔，我拾到了一个钱包，交给您。"

3."警察叔叔怎么说？""谢谢，你真是好孩子。"

31~33个月益智游戏

31~33个月宝宝智力与训练

宝宝的语言发展

这个阶段的小儿仍处于语言发展的关键期，他们语言发展迅速，说和听的积极性都很高。他们不但非常喜欢跟成人进行语言的交流，而且爱听成人讲故事、念儿歌和诗歌等，并能记住这些内容，甚至能背诵几首诗歌，复述简单的有主要情节的童话。

这阶段的孩子，语言对行动的调节作用有了明显发展。如当成人说“好”、“对”时，小儿就认为这件事是可以做的而乐意去做，而当成人用“不好”、“不对”作了否定的表示时，小儿就会认为这件事是不可以做的而停止自己正在做的事。这时，小儿不但能理解与他们直接感知的事物有关的语言内容，而且能理解他们所熟悉但不能被感知的事物的叙述性语言。

宝宝的动作发展

这个年龄的孩子有了一定的乐感，手指也比较灵活了。父母可利用一些乐器玩具，来初步培养孩子对音乐的兴趣，促进孩子听觉的分辨能力，锻炼孩子手指和手腕的灵活性，陶冶其情趣。

这个年龄的孩子可以开始学习游泳了。游泳是一种非常好的综合性锻炼活动，室外游泳既有“三浴”锻炼，又是一种全身性的体格锻炼运动。

2~3岁小儿开始学习一些基本概念，如大小、

早教指导

◆如何评价父母与孩子的关系◆

以下6项指示，可以帮助父母评价自己与孩子之间的关系：

1.孩子喜欢和你说话。

2.孩子喜欢和你在一起。

3.孩子常拥抱你。

4.孩子常主动地把想法和感受告诉你。

5.孩子喜欢帮助你。

6.有孩子在场，你觉得愉快。

形状等，手较前更加灵活了，此时可给小儿准备一些简单拼插积木、简单的图形镶嵌软塑、有各种形状孔洞的益智盒、可穿脱衣服与鞋子的娃娃、交通与水利系列玩具等。这些玩具可帮助小儿学习识别颜色、形状等概念，扩大知识范围。还可给小儿准备小三轮车，锻炼小儿的协调动作能力。

宝宝的社会交往

2~3岁是幼儿性别理解能力发展的时期，父母要及时对幼儿进行性别教育，使幼儿对自己的性别形成正确的认识。如果一个人在小时候对自己的性别认识混乱，将有碍其心理的社会性发展，特别是会影响性心理的正常发展。而且这种不正确的性别认同一旦形成，往往很难改变。因此，父母要重视幼儿的性别教育，使幼儿从小树立正确的性别意识。

宝宝的个性发展

性格的形成与完善是一个长期的过程，它贯穿于人的一生，但在2~3岁前，生活环境和教育方式会给性格涂上一层底色，这层最初的色彩甚至影响一个人今后一生的性格色调。所以对小儿良好性格的培养是不容忽视的。

宝宝的认字训练

阅读中识字，能使幼儿感受到阅读识字的快乐，获得了“我也认字了”的自豪感、成功感；阅读中识字还能提高幼儿的口语表达能力。

宝宝的艺术发展

教孩子学绘画，其目的是发展孩子对绘画的兴趣，引导孩子欣赏“美”，利用画的美来促进孩子人格健康、和谐地发展。2～3岁孩子正处于由涂鸦期到象征期的过渡。孩子喜欢画他们所看到或想到的东西，

他们的想法、画法是天真、直率的。家长不应该以成人的眼光来欣赏儿童绘画，而应了解儿童绘画的特点。

孩子音乐潜能的调练是一个长期的坚持过程，必须靠家庭创造的一种艺术氛围的熏陶和潜移默化的影响。家长可让孩子在音乐伴奏下做动作，可以培养其节奏感和动作的协调性，使听觉更敏锐，身体更健康。

早教指导

◆如何培养孩子良好的个性◆

培养孩子具有良好的性格应从以下几方面加以注意：

· 应该具有一个良好的家庭环境。幼儿在良好的家庭环境中成长，容易养成活泼开朗、性情直率、稳重端庄的性格。

· 父母本身要注意提高自身修养，树立良好性格的典范。由于幼儿的模仿能力极强，在家庭中的父母就是幼儿模仿的榜样。

· 家庭教育要注意方式方法。对孩子爱而不娇，自由而不放纵。

· 家庭教育的内容要根据儿童年龄特点制定。在幼儿一岁时，要培养其克服困难和勇敢坚强的性格。三岁时，要求他们爱学习、守规则、有礼貌、有爱心，还要培养独立生活的能力，为今后适应社会打下良好的基础。

宝宝的阅读能力培养

阅读能启迪智慧，增长知识。好的图书内容，再配上生动有趣的图片，对2～3岁孩子良好品德个性的形成，有着重要的作用；从阅读中，可以发现孩子的善恶感、同情心等高级情感的萌芽。从小培养孩子的阅读兴趣和良好的阅读习惯，对孩子入学后的学习是大有好处的。

31~33个月智力开发游戏

01 分解、组合玩具

难易程度 ★★★ 建议时间 15分钟

目标： 培养宝宝的观察思考能力和动手能力。

1.将容易分解的玩具从外层一个一个地把它拆开来。

2.将拆开来的零件散放在地上。

3.如果是汽车的外层，就教孩子认识车轮、窗子、门等各个部分的名称。

4.在孩子面前重新组合玩具，简单的部分可让孩子直接做做看。

02 识蔬菜专家

难易程度 ★★ 建议时间 10分钟

目标： 培养宝宝的认知能力。

1.做饭时，和宝宝一起认识今天所吃的各种蔬菜。

2.告诉宝宝它们的名称以及颜色、形状等。

3.然后拿起一种给宝宝介绍过的蔬菜问他："这种蔬菜叫什么名字？它是什么颜色的？一共有几棵？是什么形状的？"

4.在吃饭的时候让宝宝说一说，这几道菜中，都有什么蔬菜。

03 认识味道

难易程度 ★ 建议时间 10分钟

目标： 让宝宝品尝、分辨不同食物的味道，丰富宝宝的味觉经验，提升宝宝的感觉智能。

1.准备各种切好的水果。

2.妈妈遮上眼睛之后，让孩子把水果放进妈妈的嘴里，猜猜看自己吃的是哪一种水果。

3.换孩子遮上眼睛，让他吃食物或水果，然后让他说说看是什么味道和食物名称。

4.解下遮布，让孩子睁开眼睛看看对不对。

04 小兔子乖乖

难易程度 ★★★ 建议时间 30分钟

目标：提高宝宝的警惕性，加强安全意识教育。

1.准备一块场地，妈妈教宝宝唱《小兔子乖乖》的歌谣，同时让宝宝了解故事情节。

2.宝宝装扮成兔宝宝，妈妈扮作兔妈妈去采蘑菇，和宝宝说“再见”。

3. 爸爸装扮成大灰狼，捏着嗓子说：“小兔子乖乖，把门儿开开，我是妈妈”。

4.宝宝说：“是妈妈回来了！”跑去“开门”。

5.“大灰狼”一进门，就把兔宝宝“吃”了。

6.再进行第二遍，宝宝就说：“你不是妈妈，不给你开门。”

益智拓展

安全教育是让宝宝有避害意识的教育，是一种积极的预防手段。妈妈和爸爸要多利用平时的生活对宝宝进行安全教育，而且要长爬不懈，才能在宝宝心中建立起明确的安全意识。这是因为生活中潜移默化的教育能使宝宝增长分析事物的能力，提高辨别能力，为今后的学习和生活打下良好心理基础。

05 剪个苹果吃

难易程度 ★ 建议时间 10分钟

目标：锻炼宝宝的动手能力。

1.妈妈问：“宝宝，想吃大苹果吗？”答：“想吃。”“妈妈剪一个大红苹果给宝宝吃。”

2.把正方形红纸对折，用铅笔画半个苹果，用剪刀剪下，打开来就是一个剪纸苹果。

早教指导

◆教孩子随音乐做动作◆

伴随音乐做动作，主要是教孩子学习配合音乐的节拍、力度、速度和情绪做动作，学会随着音乐旋律而变换动作。

教孩子按音乐节拍协调地做动作时，要联系生活实际中的有关形象，引导孩子想像，使孩子理解这些动作，表达时才会逼真。选择的曲目要适合孩子的体力和动作发展水准。

对2~3岁的孩子，可以先教拍手、走步、打鼓、吹喇叭等简单的模仿动作。

3. "大苹果有了，给宝宝吃。" 让孩子假装吃，" 妈妈也尝尝。" 妈妈也假装吃。

4. "妈妈还想吃个更大的苹果，宝宝给妈妈剪一个吧。" 大人在旁边指导，并教会孩子如何用剪刀。

06 影子游戏

难易程度 ★★　建议时间 15分钟

目标： 通过游戏，宝宝不仅对光与影的因果关系有了解初步的思考，还增长了自然知识，提高语言表达能力。

1.让孩子站在靠近墙壁的地方。

2.关掉电灯，并在稍微有一点距离的地方开一盏小灯。

3.孩子移动身体时，就会看到跟着自己移动的影子。

4.妈妈一边移动着手一边做出影子，让孩子跟着做做看。

5.让孩子自由做出各种模样的影子看看。

07 布偶剧游戏

难易程度 ★★　建议时间 15分钟

目标： 提高宝宝语言智能，开发宝宝的想象力。

建议： 当孩子陷入自己所听到、讲到的故事里，可能会创造出完全不同的故事喔！

1.把孩子常常听到而且熟悉的故事编成布偶剧。

2.利用布偶和色纸做成的道具演戏。

3.妈妈和孩子互相一问一答，把故事大体串联起来。

4.让孩子可以随心所欲地发挥想象力。

08 吹笛子

难易程度 ★★ 建议时间 15分钟

目标：提高宝宝的听觉能力。

1.给孩子买一支会发出声音的笛子当作礼物。

2.妈妈先示范一遍之后，也让孩子吹出〝呼〞看看。

3.让他吹又大又长的声音来。

4.让孩子配合着节奏吹出〝呼，呼、呼、呼〞。

5.让孩子感受用手指压住和不压住笛孔时，笛子所发出的声音有何不同。

09 制作缆车

难易程度 ★★★ 建议时间 30分钟

目标：提高宝宝的动手能力。

1.将两张椅子用塑料绳连结起来。

2.分别将箱子的4个角穿洞，并用线捆起来，再把4根线合成一条线，并在上面绑一个钢丝环，缆车就完成了。

3.将环口挂在塑料绳上，移动缆车看看。

4.妈妈和孩子把棋子、饮料瓶、积木之类的东西装进缆车里，从一边运送到另一边。

10 花绳游戏

难易程度 ★★ 建议时间 10~15分钟

目标：提高宝宝手的灵活性和准确性，激发宝宝的想象力。

1.爸爸和妈妈先示范给孩子看，他便可很快地跟上。

2.让孩子也和妈妈一样编编看。会有意想不到的样子出现喔！

11 什么东西没有了

难易程度 ★★ 建议时间 15分钟

目标：发展宝宝的记忆力和对应能力。

1.在桌子上放两件玩具，然后悄悄拿走一件，问孩子没了什么。

2.练习几遍后，再放上三件、四件，再趁孩子不注意时拿走1~2件，再问孩子没有了什么。

3.最后再多放一些，让孩子看好后，蒙上孩子眼睛拿走1~2件，解下蒙布再问孩子没了什么。

4.经常反复地练习，要鼓励表扬，引起宝宝兴趣。

31~33个月运动游戏

01 打滚

难易程度 ★ 建议时间 10分钟

目标：培养宝宝的肢体协调能力。

1.大人先示范一遍。

2.让孩子从仰卧开始，向左或向右翻滚，大人一边可以逗趣地说："轱辘轱辘圈，轱辘轱辘圈。"

3.或者说："小狗小狗滚一个，小狗小狗滚一个。"

4.孩子自然打起滚来。

02 模仿

难易程度 ★★ 建议时间 15分钟

目标：锻炼孩子模仿能力以及五官、手脚的反应能力。

1.妈妈和孩子相对坐好，大人对孩子说："会学妈妈吗？"

2.于是妈妈做什么动作，孩子跟着学做什么动作。如妈妈闭上右眼，孩子也跟着闭上右眼；大人举起右臂，孩子也举起右臂，等等。

3.然后反过来，妈妈学孩子的动作。

4.这时孩子会想，做什么动作让妈妈学呢？他必然要回忆刚才妈妈都做过什么，他也做什么。

03 钓鱼

难易程度 ★★★ 建议时间 10～15分钟

目标：锻炼宝宝的手眼协调性，提高宝宝的肢体协调能力。

1.准备10个空的易拉罐，外面贴上1～10的数字，当做鱼。

2.用一根线，一端系上一根铁钉(线系在铁钉中间)，当做钓竿。

3.让宝宝提着线的一头，将带有铁钉的一头下垂并放进易拉罐的小口中，然后提起，钓鱼成功。

4.看一看宝宝钓上的是几号鱼。

5.也可用别的物品设计成鱼和钓具。

04 学青蛙跳跳

难易程度 ★★ 建议时间 15分钟

目标：锻炼宝宝的跳跃技巧，促进宝宝对空间方位的认知。

建议：可让宝宝多胜几次，给他自信。

1.户外游戏时，在地上用粉笔画几个圆圈。

2.你和宝宝，一起扮成小青蛙，双脚着地，蹲下后再向上和向前跳，从一个圆圈跳到另一个圆圈里。

3.学会双脚跳后，你和宝宝玩追逐跳，你在前面跳，让宝宝在后面追你跳。

益智拓展

这段时期的宝宝从会走发展到会跳、会跑，接触外界环境相对增多，尤其以跳跃等运动为最佳。跳跃运动之所以如此富有魅力，主要得益于跳跃过程中产生的振动。医学研究表明，人的生命与健康离不开振动。因为人体本身就是由一系列振动系统构成的，如胃的收缩、肠的蠕动、心脏的搏动、肺的呼吸吐纳等。如果宝宝常做跳跃运动，将这种外源性振动与内源性振动结合起来，健身与健脑的效果会更加突出。

05 夹腿跳

难易程度 ★　建议时间 10分钟

目标： 培养宝宝的身体平衡能力，提高宝宝的肢体协调能力。

1.让孩子双腿间夹一个乒乓球，平地起跳，球不能掉下来。

2.逐渐换成大一点的皮球，跳熟后，再跳离地高10厘米的皮筋。

3.让孩子背会这首儿歌：

跳一跳，跳一跳，
夹的球儿不能掉，
小花狗，看着我，
一声一声汪汪叫。

06 保龄球游戏

难易程度 ★★　建议时间 15分钟

目标： 培养孩子的空间感觉和控制方向的能力。

1.把牛奶瓶、饮料瓶放在地上后，让孩子把球丢出去打倒瓶子。

2.让孩子从近的地方开始丢球，再渐渐从较远的地方丢。

3.让孩子数数看，自己打倒了几个瓶子。

07 晨跑

难易程度 ★　建议时间 15~30分钟

目标： 提高宝宝的运动智能，训练肺活量，并增进食欲。

1.每天一大清早，全家一起出去散步。

2.随后，以愉悦的心情慢跑。

3.问："是谁跑得比较快呀？"和孩子一起边笑边跑。

08 丢飞盘

难易程度 ★★★　建议时间 10~15分钟

目标： 训练宝宝的奔跑能力以及动作的敏捷性。

1.在公园的草地上玩"丢飞盘或回旋棒"的游戏。

2.让孩子追着飞盘跑。

3.如果变换飞盘的方向，孩子也会跟着飞盘跑去。

4.让孩子也丢飞盘看看。对孩子来说，丢飞盘并不是那么容易，可先做示范，再慢慢地教他要领。

31～33个月语言游戏

01 找找看隐藏的字

难易程度 ★★ 建议时间 15分钟

目标： 提高宝宝的语言能力。

1.分别将图卡和字卡翻开放着。

2.把有图画的那一面朝上放着，字卡朝下放着。

3.将字卡一张一张地翻过来。

4.问孩子："苹果在哪里呢？"让孩子找找图卡和字卡。

益智拓展

让孩子学习字词的最好方法就是多看。通过这种方式，孩子便能一下把图画和字记起。刚开始孩子会把字也当成图画。即使孩子不知道意思，也会把图画和字连接起来。

02 传达游戏

难易程度 ★★ 建议时间 15分钟

目标： 提高宝宝的听觉记忆和语言能力。

建议： 有兄弟或朋友和话，可以几个人一起玩玩看。

1.这是一个妈妈传达给孩子、孩子传达给爸爸的游戏。

2.贴在对方的耳朵，低声说着语词或句子。

3.也可让孩子先开始造句子。

4.确定看看话传达得好不好。

03 童谣创作

难易程度 ★★　建议时间 15分钟

目标： 提供宝宝有创意的联想机会，提升语言表达的能力。

1.在训练前，爸爸妈妈可以跟宝宝分享一些童谣或是童诗，并请宝宝为自己的童谣想一个主题，如下雨天。

2.鼓励宝宝想一想，和雨天相关的事情，如大雨、小雨、青蛙叫、呱呱声等。

3.协助宝宝将所联想的事物联结起来，并大声朗诵出来。这样就完成了一个属于宝宝自创的童谣了。

益智拓展

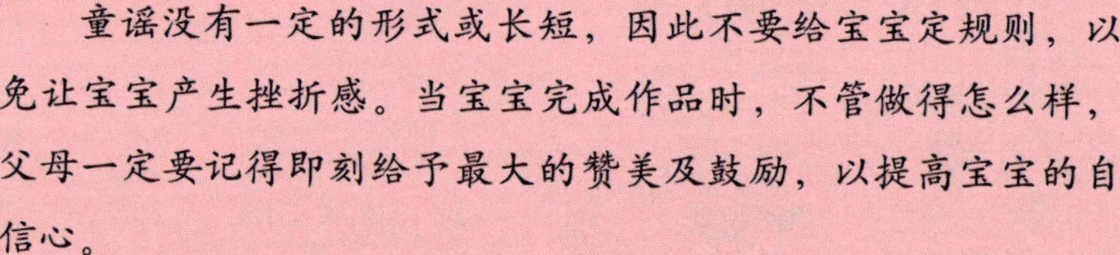

童谣没有一定的形式或长短，因此不要给宝宝定规则，以免让宝宝产生挫折感。当宝宝完成作品时，不管做得怎么样，父母一定要记得即刻给予最大的赞美及鼓励，以提高宝宝的自信心。

04 说名词

难易程度 ★★　建议时间 15分钟

目标： 提升宝宝词汇的丰富性，提升宝宝的语言能力。

1.大人要求孩子每当听到大人所说的东西时，如果是食物应拍一下手。

2.反过来，要求孩子说出10种以上的东西，其中有能吃的东西，大人也拍一下手。

3.如布娃娃、小汽车、苹果、筷子、小勺、巧克力、鞋子、帽子、牛奶、豆腐、手套、笔、书、桃子……

05 语言游戏

难易程度 ★★　建议时间 15分钟

目标： 锻炼宝宝的语言表达能力，发挥孩子想象力。

1.让孩子代替玩具说话。大人说：“我给小狗一块骨头，小狗怎么说？”孩子想想后，应该说："谢谢你，我最爱吃骨头啦。"

2.大人说："小山羊想妈妈吗？"让孩子代替小山羊说："我可想妈妈啦。"大人说："你的玩具小汽车怎么没有了。"

3.这问题可发挥孩子想象力，可以让他任意发挥。比如说："小汽车拉着小白兔旅游去啦。"或者说："小汽车找妈妈去啦。"只要句子完整都可以。

06 听听是什么声音

难易程度 ★★　建议时间 15分钟

目标：提高宝宝的听觉记忆能力。

1.和宝宝面对面坐好，闭上眼睛，静静地听一下周围的声音。

2.请宝宝说出这是什么声音，是从什么地方发出来的，为什么。

3.静听前，你可预设一下水龙头的滴水声，厨房烧开水的声音，抽油烟机声等。

07 绒布玩具

难易程度 ★　建议时间 10分钟

目标：培养宝宝的语言表达能力与会话能力。

1.利用家中的绒布玩具，编短故事讲给宝宝听。

2.讲完后，让宝宝和你一起拿绒布玩具玩角色游戏。

3.例如，你扮小狗，问："小猫，你早!你早晨吃了什么了？"小猫(宝宝)答："小狗，你早！早晨我吃了面包，喝了牛奶。"

34～36个月益智游戏

34～36个月宝宝智力与训练

宝宝的语言发展

一般孩子运动发展迟缓常被看作是智力落后的最早行为特征，如俯卧、抬头、坐、站、走，用拇指、食指捏起小物体(黄豆、大米花等)等动作都晚于同龄儿童。但语言发展与动作发展不同，由于个体差异，孩子说话的年龄有早有晚。有些孩子虽然说话晚，但其他方面均属正常，这就不属于智力落后的范畴了。对于语言发展落后的孩子，可通过游戏形式来训练他的发音。

宝宝的动作发展

这个年龄段的孩子正是左右手并用的时期，父母对偏用左手的孩子不要强行去纠正，但也不能忽视右手的训练。只有左右两手同等训练，发挥大脑左右两半球的功能，才能使孩子将来心灵手巧。

这个时期也是孩子练习平衡能力、学习跑步及双脚跳的最佳时期，在日常生活中，家长应该多给孩子创造锻炼的机会。

2～3岁的孩子可以开始学做一些力所能及的家务了，这样可以培养孩子的自理能力和责任感。

早教指导

◆怎样转化孩子的负面情绪◆

要转化孩子的负面情绪，父母可以采用下列2种方法：

失望情绪的转化：在孩子出现失望情绪时，父母应帮助孩子调整目标，根据孩子的能力和实际情况提出适当的目标，然后一个目标一个目标地实现，在实现过程中逐渐建立自信心。

恐惧情绪的转化：儿童在犯错误后，特别是惩罚用得较多时，最易出现恐惧情绪。父母应改变教育方式，利用孩子将功补过的心态，对他提出更高的要求，常常能把孩子的恐惧情绪转化为积极上进的能力。

宝宝的个性发展

独生子女普遍存在心理上的脆弱、依赖的缺点，这与父母给孩子过多的关心和爱护有关。在家庭教育方面，父母应多一些理智，少一些溺爱，帮助孩子正视挫折，教导孩子对付挫折的具体方法，锻炼孩子对挫折的心理承受力。

另外，幼小的孩子情绪波动大，负面情绪几乎不能避免，这会促使孩子向不利于自身及社会的方向发展。父母要善于转化孩子的负情绪。

宝宝的情感交流

父母教育孩子不打人是对的，但教给孩子正当的自我防卫意识和方法也是必要的。有些攻击性较强的孩子往往爱欺负没有防卫能力、遇事软弱退缩的孩子。所以父母应教会孩子如何保护自己。

2～3岁孩子的恐惧对象主要为黑暗、打雷等自然现象，或动物、昆虫以及独处。为淡化孩子的恐惧感，父母要利用日常生活中的各种机会，自然而有意识地锻炼孩子。

随着幼儿的长大，父母应该学会一些爱子、教子的方法。因为孩子需要的生活上的照料越来越少，而更需要父母在精神上、心理上的抚慰和激励。

宝宝的数学能力发展

这个阶段的孩子可以开始学习数东西了，但他并不知道数到最后的数字就是全部的总数，因而答不出正确的答案。这时家长不要勉强他一定要说出正确的答案。

34~36个月智力开发游戏

01 消失的手指头

难易程度 ★★ 建议时间 15分钟

目标：培养宝宝的观察思考能力。

1.妈妈将双手合拢。

2.藏一根手指在合拢的双手里。

3.“一、二、三”，让孩子数数看有几根手指头。

4.问孩子：“哪根手指头不见了啊？”教孩子认识大拇指、食指、中指、无名指、小指。

5.孩子会疑惑地上下打量妈妈的手。

6.妈妈把手翻过来，摇一摇手指并教孩子说出答案。

02 有几颗糖呢

难易程度 ★ 建议时间 10分钟

目标：提高宝宝的数学智能。

1.妈妈抓几颗糖给孩子看，问问他：“有几颗呢？”

2.让孩子“一颗，两颗，三颗……”数数看。

3.接着，从左手抓几颗糖果放到右手，问孩子：“这只手有几颗啊？”

4.再把左手打开，问孩子：“这只手又有几颗啊？”

益智拓展

学习数学可帮助逻辑思维的发展，良好的数学教育不仅能够促进宝宝认知的发展，而且对宝宝情绪、情感、意志、社会性以及身体发展有着重大的促进作用。数学智慧能够促进幼儿感觉、观察力等的发展。因此父母对宝宝早期的数学教育可以为其以后的掌握更为复杂难懂的数学概念打下坚实的基础。

03 看云

难易程度 ★★　建议时间 10～15分钟

目标： 培养宝宝的观察能力，激发孩子的想象力。

1.让孩子看着白云，说说白云看起来像什么。

2.和孩子一起指着像动物模样的白云，找找睛眼、鼻子、嘴巴的位置。

3.天空就像是庞大的牧场或图画纸，可趁机教孩子东西南北的方向。

04 洋葱娃娃

难易程度 ★★★　建议时间 10～15分钟

目标： 锻炼宝宝的动手能力和自我认知能力。

1.先准备大小不同的洋葱头两只，及绉纸、蜡光纸、橡皮泥、大头针和糨糊等。

2.把一个较大的洋葱头上端削掉，下端去掉并削平，成为一个身体。

3.将小的洋葱头去根和外皮，保持原状，作为人头，然后用大头针将它们连起来，接着，将蜡光纸剪成头发、眼睛、嘴巴，用糨糊贴在适当的位置上；用蜡光纸剪成小花，贴在头上、身上。

4.再把橡皮泥做成耳朵粘在面部两侧，并在头颈上用丝纸扎个蝴蝶结。

05 小染画

难易程度 ★★★　建议时间 15分钟

目标： 培养宝宝的思维能力。

建议： 利用各种纸类玩吸水游戏，孩子会对色彩在纸上蔓延开来的样子感到神奇。

1.在塑料盆里扔入水彩，可先用黄色水彩试试看。

2.搅拌一下，让水彩在水里溶解。

3.将图画纸的一半浸入水中后，观察水在纸上的扩散速度。

4.用报纸或包装纸，也可以用棉花或布试试看。

06 一样多

难易程度 ★★★ 建议时间 15分钟

目标：培养宝宝的数学兴趣，加强宝宝的数学观念。

1.先从分食品学起，分糖果时，每人1块，大家“一样多”。分瓜子或花生，每人2~3颗，也是“一样多”。

2.由于宝宝暂时手口不能同步，所以分东西时往往每人1颗，第二轮又每人1颗，第三轮也是每人1颗。

3.家长不要着急，等宝宝走上几圈已经很累时，再告诉他如果手中一下抓住2颗或3颗就可以一次分完。这时宝宝也愿意用手去学习抓“一样多”的东西。

4.由于宝宝目前只会识1~3，所以暂时学

早教指导

◆怎样教孩子学绘画◆

父母不应强迫孩子画父母自己喜欢的东西，应该让孩子自由发挥。

父母应该赞赏孩子，把孩子的画挂在家中，这是一种最恰当的鼓励。

父母要注意教画的灵活性。让孩子尝试不同的画法与画具，如用彩色笔、画笔、棉花棒球，甚至用手指去画。或用剪刀把孩子画不出来的部分剪出来，贴在纸上，再让孩子画上自己会的部分，孩子绘画是不受空间拘束的，他们可能会把画画到墙上。

父母对孩子的作品要持尊重态度。

习每人2颗或每人3颗都是“一样多”。熟练之后，渐渐就可以增加至4和5。

07 彩色数字板

难易程度 ★★　建议时间 10分钟

目标：提高宝宝的数学智能。

1.在一块板上画出格子，然后在横轴写上数字，纵轴涂上各种颜色。

2.将红色色纸剪成10个和指甲般大小的圆圈后，在上面写上1～10。

3.接着，分别做10个红、橙、黄、绿、蓝、靛、紫圆圈，也写上数字。

4.把符合横轴的数字和纵轴的颜色的各色圆圈，如4、黄色，妈妈就可以把写有数字4的黄色圆圈用胶带贴到格子上。

08 哭笑娃娃

难易程度 ★　建议时间 10分钟

目标：帮助宝宝在迅速反应中发展思维的逆向性和流畅性，提升宝宝的逻辑思维能力。

1.帮助宝宝熟悉训练的规则，必要时父母可以先做个示范。父母告诉宝宝，要和宝宝一起玩经典的老训练——“石头、剪刀、布”。

2.父母告诉宝宝，这次要做点小小的改动。每一次，胜利者都要做“哭”的表情，输的一方则要做“笑”的表情，谁先做错就要认输。

09 认识表情

难易程度 ★★　建议时间 15分钟

目标：帮助宝宝控制面部肌肉的能力，并能增加宝宝对于面部表情的认识。

1.大人在纸上画5个圈，假设为5个人的脸。

2.大人再画上耳朵，然后，大人先画一个哭的，让孩子学学哭的样子。

3.依此类推，画一个乐的、一个惊讶的、一个发怒的，都让孩子学一学。

4.最后，让孩子照以上顺序再画几次，自己画一个表演一回。

5.大人也可表演表演。让孩子感受到人的五官各种表情的样子。

10 摸积木

难易程度 ★　建议时间 10分钟

目标：提高宝宝的认知能力。

1.把孩子玩的积木放在一个布口袋内，让孩子隔布触摸，当摸准一块时，让孩子说清是什么形状，然后进行核对。

2.一旦说对要表扬奖励。

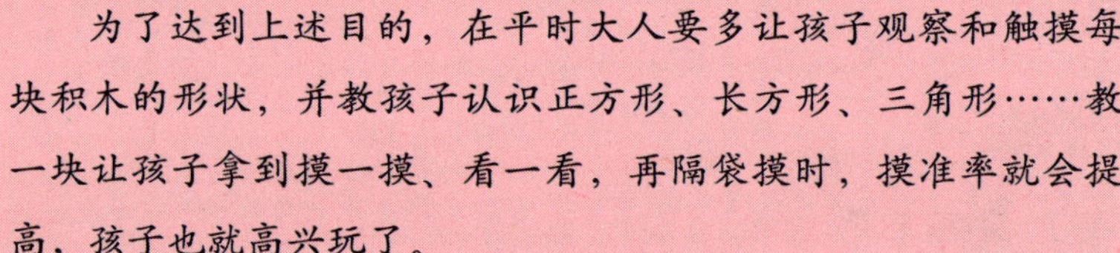

益智拓展

为了达到上述目的，在平时大人要多让孩子观察和触摸每块积木的形状，并教孩子认识正方形、长方形、三角形……教一块让孩子拿到摸一摸、看一看，再隔袋摸时，摸准率就会提高，孩子也就高兴玩了。

11 认识冬天和夏天

难易程度 ★　建议时间 10分钟

目标：锻炼宝宝解决问题的能力，激发他的想象力。

1.收集一些冬天和夏天所用衣物的图片，将其堆放在一起。问宝宝如果冬天到北方旅行，需要穿什么，然后请宝宝找出所需衣物的图片。

2.接着问宝宝如果夏天去南方旅行，需要穿什么，请宝宝选出所需衣物的图片。

3.不论宝宝选出哪一个图片，都要问宝宝为什么要穿这件。

34～36个月运动游戏

01 长高体操

难易程度 ★　　建议时间 10分钟

目标：提高宝宝的运动能力。

1.让孩子躺着，而妈妈坐在孩子脚前，面对孩子。

2.孩子的双脚对着妈妈的胸口，妈妈将孩子的双脚朝胸口的方向往上推。

3.将孩子的脚反复推再伸展。

4.让孩子膝部弯曲并往两边摇。

5.让孩子趴着，妈妈从前面抓着两手，将孩子的上身抬起往前拉。

6.让孩子躺好后，分开两腿，使之往两边伸展到最大。

02 洗衣篮

难易程度 ★　　建议时间 10分钟

目标：培养宝宝的身体协调性。

1.洗衣篮是练习投掷技能的好用具。

2.练习将不同的东西投进洗衣篮，比如球、卷纸或者围巾。

3.为了投进去，每种物体都需要用不同的动作技巧。

4.将篮子放在离宝宝足够近的地方，这样宝宝可以成功地将东西投进篮中。

03 筷子游戏

难易程度 ★★★　　建议时间 10～15分钟

目标：锻炼宝宝手部动作的灵活性，并培养其注意力和增进耐心。

1.妈妈先拿筷子引起孩子兴趣。

2.让孩子用筷子夹积木或娃娃等体积大的物品。

3.试着让孩子夹体积小且薄的物品。

04 躺着踩脚踏板

难易程度 ★★★　　建议时间 15分钟

目标：提高宝宝的运动智能，锻炼宝宝的肢体协调能力。

建议： 天气太冷或下雨不能外出，而孩子感觉烦闷的话，可以在房间里试试脚踏车健身。

1.爸爸说："和爸爸一起骑脚踏车吧!"然后躺着模仿踩脚踏车的样子。

2.在孩子要躺的地方铺上毯子。

3.孩子跟着爸爸躺在旁边，兴高采烈地开始骑脚踏车健身。

4.爸爸一边说："爸爸要骑快一点!"一边加快速度踩脚踏板。

5.一边说："呼!好累!慢慢骑吧!"一边踩慢一点。

6.问问孩子要骑到哪里去，如到超市、比萨屋、公园，然后到市区转一圈。

05 穿珠子

难易程度 ★★　建议时间 10～15分钟

目标： 训练宝宝手部的精细动作，培养其专注力。

1.在小饮料瓶底部穿孔。

2.然后请孩子将线穿过小饮料瓶，做成可以戴在脖子上的花环。

3.让孩子将自己做的花环挂在脖子上，等爸爸下班回家后，让孩子亲手挂在

早教指导

◆走的正确姿势◆

正常的走路动作要领是上身正直、抬头挺胸、目视前方、双手自然下垂、手指并拢并自然弯曲、两臂以肩关节为轴心前后自然摆动，上下肢协调动作、两腿脚尖向前后左右交替前进或后退。

2～3岁的孩子走路时仍常常出现头重脚轻、动作不协调、速度不均匀的情况。因此，还需要大人的帮助和指导，并提供练习的机会，如采用拍手等有节奏地让孩子做快走、慢走的练习，既可以提高孩子练习走路的兴趣，也不致于使孩子感到疲劳和乏味，同时也训练了孩子走路的协调性和稳定性。

爸爸的脖子上。

4.熟练穿线之后，让孩子穿穿小扣子，尝试做手链或项链。

06 走平衡木

难易程度 ★★★ 建议时间 15分钟

目标：培养宝宝的身体平衡能力，提高宝宝的肢体协调能力。

1.在离地10～15厘米的平衡木上学习行走。

2.家长先单手扶宝宝在平衡木上来回走几次，使宝宝习惯在高处行走，然后让宝宝扶棍子的一端，家长扶棍子的另一端，在一定距离内陪着宝宝走几次。

3.慢慢手离开棍子让宝宝自己在平衡木上行走。鼓励宝宝展开双臂以保持身体平衡。

4.学会自己走平衡木之后，可以再进一步在头顶放一本薄书，让宝宝在平衡木上走。

07 摸瞎瞎

难易程度 ★ 建议时间 10分钟

目标：提高宝宝的肢体协调能力。

1.在5米远的地方放孩子爱玩的玩具，中间摆放一块长、宽50厘米的木板当作桥，先让孩子目测好，告诉他走过桥拿回那边的玩具。

2.这时把孩子眼睛蒙上，给个口令，孩子摸瞎过桥去拿玩具。

3.拿回一个表扬一回，争取都拿回来。

08 投球

难易程度 ★★★ 建议时间 15分钟

目标：训练宝宝手部肌肉控制力，提高宝宝精细运动能力。

1.宝宝投球往往将球拿在胸前或腹下部向前抛球。

2.由于手不能向后使劲，球投不远。

3.经成人示范把手抬到肩上方，略向后再向前投，球可以投得远而有力。

4.刚学习时往往在略向后时松手，球反而掉在后面，经过练习才会向前投。

5.也可以用沙袋代替皮球，学习向目标投掷，沙袋不容易滚动，可以减少捡球的麻烦。

09 筷子夹枣

难易程度 ★★★ 建议时间 10~15分钟

目标：锻炼宝宝手的灵活性、准确性。

1.同宝宝一起用筷子把桌子上的大枣夹入碗里。

2.一面夹一面数1个、2个、3个……利用游戏教会宝宝使用筷子。

3.因为大枣表面凹凸不平，所以较易被筷子夹住。

益智拓展

宝宝应从2~3岁时就学习使用筷子，尽量避免再用勺子。因为使用筷子时，大脑和手进行着一系列的精细协调动作。用筷子夹食物时，不仅是5个手指要同时活动，腕、肩及肘关节也要一起参与。从大脑各区分工情况来看，控制手和面部肌肉活动的区域要比其他肌肉运动区域大得多，肌肉活动时刺激了脑细胞，有助于大脑的发育。

10 够高高

难易程度 ★★★ 建议时间 10~15分钟

目标：发展宝宝的手部控制能力。

1.将小铃铛拴在离孩子举起手高15厘米的绳子上，让孩子原地跳，去够铃铛或跑来跑去地够铃铛，或者击打铃铛。

2.绳子的高度要灵活掌握，过高过低要调整，以适度为好。孩子够时用双手、用单手都要练。

3.为了引起孩子兴趣，坚持持久，可吊小食品，如小型水果，这时所用绳应改成猴皮筋，一定让孩子攥住，然后留下来，洗净给孩子吃，够着一个吃一个(放在一起，玩完一起吃。)

早教指导

◆幼儿做事只做一半怎么办◆

如果您的宝宝常常做事只做一半就停下，你一定要注意：

1.应坦然地理解和接受，以一句轻松、幽默的话提醒宝宝回到应该做的事情上来。

2.多给宝宝一些自由玩乐的时间。

3.和宝宝说话的时候，让宝宝看着父母。

4.倘若每次只让宝宝做一件十分简单的事情，宝宝就不容易半途而废了。

5.对宝宝讲话不能太复杂，应直接明确地表达家长的意思，如“换件干净衣服”，“帮妈妈拿个碗来”。说完之后让宝宝重复一次。

11 套圈游戏

难易程度 ★★★ 建议时间 15分钟

目标：锻炼宝宝抛扔动作和手眼协调技能，使宝宝学会有意识地击中目标。

1.用铁丝弯成几个直径在20厘米左右的圆环，把一些细的玩具熊，球或能竖直坐稳的小动物等在地上摆放好。

2.让宝宝站在离所要套的物体1米远的地方，教孩子把圆环抛出，套中物体。

3.可与宝宝比赛，看谁套中的东西多。

12 跳格子

难易程度 ★★ 建议时间 15分钟

目标：锻炼宝宝单脚跳跃和身体平衡的协调能力。

1.在室内或室外，画一个“田”字格，每格长宽均为30厘米左右。

2.家长教孩子由下的方格单脚跳到其他方格，跳完为止。

3.待单脚跳跃较熟练后，还可以把沙袋放入格内，边跳边踢。

34~36个月语言游戏

01 小印第安人

难易程度 ★　建议时间 10分钟

目标：提高宝宝的语言智能。

建议：把“小印第安人”的歌词换成别的歌词唱唱看，让孩子可以认识东西的名称。

1.如：“书一本、书两本，书旁边有棒球，球一个、球两个，球旁边有镜子；镜子一个、镜子两个，镜子旁边有闹钟……”之类的方式，让孩子配合旋律唱唱看。

2.也可以数数字，增加孩子的语言能力。

02 独角戏

难易程度 ★　建议时间 10分钟

目标：锻炼宝宝的语言表达能力，提高对语言及字词的掌握与运用能力。

1.请孩子将手偶戴在手上。

2.手偶可以用干净的袜子制作，并贴上眼睛、鼻子、嘴巴，或是直接画上去。

3.让孩子帮娃娃说出内心话，说话的时候，也可配合手部的动作。

4.让孩子试试独自领导整段对话。

5.妈妈可在一旁帮助孩子的对话顺利进行。

6.妈妈有时也可代替娃娃回答，以使对话能继续进行。

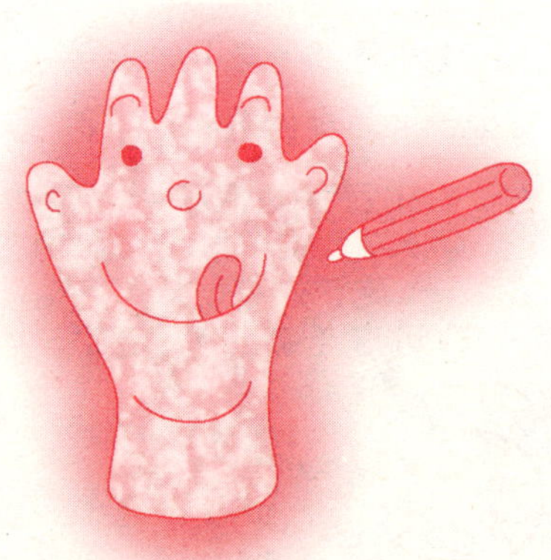

03 奇妙的口袋

难易程度 ★　建议时间 10分钟

目标：锻炼宝宝的语言表达能力，促进宝宝的大脑发育。

1.准备一个小布口袋，或者是盒子一类的容器，布娃娃，小汽车、皮球、摇铃、喇叭等玩具。家长把玩具都装在小布口袋里，然后向宝宝念儿歌："奇妙的口袋东西多，让我先来摸一摸，摸一摸，摸出来看看是什么?"

2.家长摸出皮球，问宝宝："这是什么?"

3.待宝宝回答了"这是皮球"之后，家长再拍拍皮球，问宝宝："我在做什么?"启发宝宝说出"你在拍皮球"。

4.家长给宝宝做出示范以后，让宝宝接着来摸，摸出来的玩具，要求宝宝说出是什么，然后再玩这个玩具，家长再问"你在做什么?"等问题，此训练可以反复进行。

益智拓展

通过训练，让宝宝在活动中学会说主语、谓语以及完整的句子。口袋里的玩具可以变换。随着宝宝年龄的增长，还可以逐渐加深问话的难度，可以涉及实物的形状、用途、性质等。

04 语言接龙

难易程度 ★★★　建议时间 15分钟

目标： 提高宝宝的语言能力和记忆力。

1.决定语词接龙的主题。可以是水果、放在冰箱里的东西，或是动物园里的动物。

2.请孩子先说一个词语，然后妈妈跟着接龙，如："苹果"→"苹果、草莓"→"苹果、草莓、梨"→……依此类推，直到说不出来为止。

05 一个瓜

难易程度 ★★　建议时间 15分钟

目标： 训练宝宝分辨发音相近字词的能力，培养其发音的准确性，从而提升宝宝的语言能力。

1.父母一字一句地教宝宝读儿歌：

"金瓜瓜，银瓜瓜，瓜棚里面结瓜瓜。

瓜瓜落下来，打着小娃娃。

早教指导

◆不可忽视的“称谓教育”◆

对孩子来说，让他按年龄长幼来分清对各种人的称谓，并不是十分复杂的难题。最初，孩子对所亲近的人的称谓，是由父母反复教育，孩子靠记忆获得的。随着年龄的增长，他能够从年龄、形体、神态方面去分辨认识和不认识的人，并能准确地称呼出来。

当孩子遇到超出他辨别能力的称谓时，比如，把比自己母亲稍年轻的女性称为“姐姐”时，应该称“阿姨”或别的称谓，在父母不厌其烦的解释中，在父母强制接受复杂的亲族关系时，孩子会感到对亲族关系的称谓和对非亲族关系的称谓原则不是完全相同的。如果父母处理不当会影响孩子良好人格的形成。还使会孩子的幼小心灵蒙上浓重的阴影，不利于孩子良好人格的形成。

娃娃叫妈妈，妈妈叫娃娃，娃娃怪瓜瓜，瓜瓜笑娃娃。”

2.让宝宝准确地分辨清“瓜”、“娃”、“妈”的发音，再熟读这首儿歌。

3.让宝宝一字一句地背诵这首儿歌。

4.让宝宝用比较快的速度把这首儿歌背诵出来，越快越好。

06 答复下一句

难易程度 ★　建议时间 10分钟

目标：提高宝宝的观察、思考能力，掌握更丰富的口头语言。

给孩子提出几个问题，让孩子答复下一句：

1.锅是做饭的，碗是干什么的？

2.帽子戴在头上，鞋穿在什么地方？

3.小燕子夏天来到北方，冬天上哪里去了？

4.飞机在天上飞，船在哪里航行？

5.爸爸妈妈上班，爷爷奶奶呢？

6.要求孩子答出完整的确切的句子来。

07 变魔术

难易程度 ★★　建议时间 15分钟

目标：训练宝宝将一个名词扩充成完整的短句，提高语言表达能力。

1.准备各种便于捏在手中的物品，如橘子、水杯、小玩具等。

2.让宝宝先看一段变魔术的电视节目，让宝宝对变魔术有初步的感受。游戏前，妈妈将准备好的物品放在身后。

3.游戏开始，妈妈对宝宝说："宝宝，妈妈给你变个魔术。变变变，变出一个橘子。"让宝宝也来"变"，当宝宝"变"出一样东西时，妈妈要引导宝宝用语言表达出来，如"变出……"可以双方轮流进行，让宝宝"变"一次，再由妈妈"变"一次。

08 换歌词

难易程度 ★★　建议时间 15分钟

目标：提升宝宝的语言智慧，提高其听觉智能。

1.妈妈同宝宝一起唱一首宝宝熟悉的歌曲。当妈妈唱到一个词时，用另一个词替换掉，并引导宝宝改掉下一句的一个歌词。

2.比如将"小山羊想妈妈"改为"小鸭子想妈妈"。那么下句可以由宝宝来改，比如引导宝宝将"咩咩咩找妈妈"改为"嘎嘎嘎找妈妈"。宝宝觉得好玩，就会自己想一个词来替换一首歌中的一个词，然后妈妈再引导宝宝替换掉整句歌词。

3.但是在游戏过程中，妈妈一定要仔细听宝宝替换的词中有没有逻辑性的错误，比如宝宝是不是把"暖暖的太阳"改成"暖暖的月亮"等，如果出现这种情况，妈妈一定要及时给宝宝解释清楚，改正宝宝错误的认知。

图书在版编目（CIP）数据

0～3岁越玩越聪明的亲子益智游戏大全／罗耀先主编．—北京：中国人口出版社，2011.9

ISBN 978-7-5101-0875-4

Ⅰ.①0… Ⅱ.①罗… Ⅲ.①智力游戏－学前教育－教学参考资料 Ⅳ.①G613.7

中国版本图书馆CIP数据核字（2011）第184617号

最科学、最快乐、最有效的

权威智力开发方案

0～3岁越玩越聪明的
亲子益智游戏大全

罗耀先　主编

出版发行　中国人口出版社
印　　刷　北京睿特印刷厂
开　　本　710×1020　1/16
印　　张　14
字　　数　120千字
版　　次　2012年元月第1版
印　　次　2012年元月第1次印刷
书　　号　ISBN 978-7-5101-0875-4
定　　价　28.80元

社　　长　陶庆军
网　　址　www.rkcbs.net
电子信箱　rkcbs@126.com
电　　话　(010)83519390
传　　真　(010)83519401
地　　址　北京市宣武区广安门南街80号中加大厦
邮　　编　100054